# PROGRAMMING R AND RSHINY FOR PENSIONS

# 연금계리 R프로그래밍

## R과 RShiny® 기본과 응용

도미니끄 베커스 Dominique Beckers | 임진순 공저

法 文 社

# 이 책에 관하여

언젠가는 프로그래밍을 배우겠다는 생각을 해본 적이 있는가? R관련 서적도 읽어보았고, 수많은 유튜브 강의로 R을 배웠지만, 여전히 어디서부터 시작해야 할지 막막한가? 이런 경험이 있다면 이 책은 바로 당신을 위한 책이다. 이 책은 기본적으로 보험·연금업계의 전문가나 금융관련학과의 대학생과 대학원생 중 연금계리 R프로그래밍을 배우려는 분들을 위한 책이다. 하지만 R프로그래밍 실무능력의 향상을 꿈꾸는 분들을 위한 책이기도 하다. 이 책은 연금계리를 구성하는 연금수리의 기본개념과 원리를 독자들이 쉽게 이해할 수 있도록 소개하면서, 데이터의 준비에서부터 분석, 시각화 및 공유까지 R프로그래밍으로 가능한 모든 실무를 스스로 실습하고 응용할 수 있도록 안내하고 있다.

R이나 Python을 프로그래밍 언어라고 부른다. 프로그래밍 언어를 잘 구사하려면 단어나 문법을 많이 아는 것도 중요하지만, 실제 프로그래밍의 연습이 반드시 수반되어야 한다. 그러나 기존의 R프로그래밍 교육은 단어와 문법 위주로 구성되어 있다. 이런 방식은 실무에서 R프로그래밍을 응용할 수 있는 실질적인 능력을 키우는 데 한계가 있다. R프로그래밍 책과 유튜브 강의로 프로그래밍 지식은 늘었지만 실무에서 맘처럼 되지 않은 것은 이러한 이유에 기인한다. 마치 단어나 문법 위주로 외국어를 공부했는데 실전 회화경험이 부족하여 막상 외국인을 만나면 꿀 먹은 벙어리가 되는 것과 비슷하다.

본격적으로 시작하기 전에 한 가지 강조하고 싶다. 이 책은 연금계리 프로그래밍에 필요한 최소의 R프로그래밍 지식을 담았다. 그 이유는 여러분은 이미 알고 있는, 또는 이 책에서 배우게 될 R단어와 문법이 연금계리, 또는 각자의 전문분야에서 프로그래밍을 하는데 이미 충분하다는 것을 알려주고 싶었기 때문이다. R프로그래밍의 복잡한 분석 및 화려한 시각화 패키지를 배우고 싶다면 시중의 다른 R관련 책이나 유튜브를 활용하라. 한 가지 확신하는 것은 이 책을 차근차근 충실히 따라온다면, 어떠한 R프로그래밍과 R패키지도 응용할 수 있는 역량이 여러분 안에 생길 것이며 결국에는 스스로 업무나 연구에 R프로그래밍을 응용할 수 있을 것이다.

이 책과 함께 R프로그래밍을 향한 꿈을 이루어 보자.

2024년 1월

저자 씀

# 차 례

# 오리엔테이션

## 1. R 소개

R프로그래밍 언어는 배우기 쉬우면서도 강력한 연산 능력을 가지고 있다. 게다가 관련 애플리케이션과 패키지를 무료로 사용할 수 있고, 프로그래밍 작업을 도와주는 RStudio®라는 통합개발환경(Integrated Development Environment) 프레임워크를 갖추고 있다. 프로그래밍이 처음이라면 R은 최적의 언어이다.

R은 운영체제 플랫폼에 내장된 오픈소스 컴퓨터 언어이다. COBOL, Fortran 또는 Compiled Basic 같은 기존 컴퓨터 언어와는 달리, R은 순서에 따라 코드를 한줄씩 해석하고 실행한다. R은 데이터의 정렬, 필터링, 계산 작업을 매끄럽게 수행할 수 있으며, 기존 언어보다 진화된 방식으로 시각화를 구현할 수 있고, 상호연동이 가능한 웹 어플리케이션을 구축하고 공유하는 것도 가능하다.

게다가 R언어는 전세계의 수많은 통계학자와 계리사가 개발한 보험과 연금계리 관련 패키지를 제3자 라이브러리를 통해 누구나 무료로 사용할 수 있도록 한다. 따라서 최신 분석 방법과 시각화 기법을 내 컴퓨터에서 언제든지 구현할 수 있다. 이러한 이유로 R은 점점 인기를 끌고 있으며, 사용자수도 꾸준히 증가하는 추세이다. 이미 모든 것이 R프로그래밍 환경에는 갖추어져 있고, 우리는 그저 사용방법을 익히고 활용하기만 하면 된다.

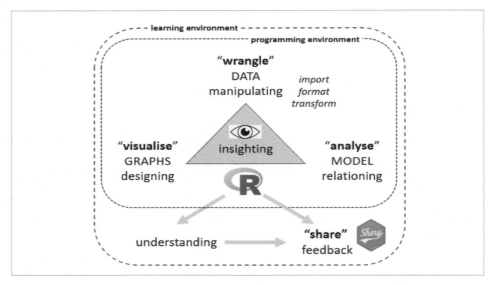

:: 그림 1. R프로그래밍 환경에서 RStudio®와 RShiny®의 위치

이 책은 R프로그래밍 환경에서 연금계리와 관련된 연금수리를 직접 실행할 수 있도록 안내한다. 연금계리의 가장 기본이 되는 생명표(life table)와 금리구조(interest rate structure), 단위연금(unit pension)의 가격과 생명연금(life contingent annuity)의 자본가치 계산, 그리고 관련 연금수리의 원리 및 R코드를 각 단계별로 소개한다.

특히 가입자의 사망확률을 반영한 연금자산의 실질가치와 연속적으로 인출된 연금의 실질가치는 연금계리를 구성하는 중요한 두 개념이며 이들을 R코드로 구현하는 과정도 기술할 것이다.

연금계리 프로그래밍을 설명하는 중에 소개된 수학 등식 자체는 크게 중요하지 않다. 하지만 코드가 작성되는 논리와 계산과정에 대해 이해가 필요하므로 각 등식에 대해 최대한 쉽고 간단하게 설명하겠다.

그리고 이 책에서 소개된 연금계리 프로그래밍의 배경이 되는 연금수리학에 대해 알고 싶다면, 함께 집필된 '비즈니스 연금수리학[1] (ISBN 978-90-465-9740-8-Ed. Wolters Kluwer)'을 참고하기 바란다. '비즈니스 연금수리학'의 한국

---

1) "Actuarial Mathematics for Pensions – Basics and Concepts applied to Business"

어판은 2024년에 출판될 예정이다.

연금계리의 중요한 두 개념의 계산을 마친 뒤에 연금재원적립(funding)의 방식을 소개한다. 연금재원적립의 기본계산은 연납보험료 방식을 사용하여 수지상등의 원칙[2](actuarial equivalence principle)에 따라 이루어진다. 여기에는 연금보험료와 책임준비금을 계산하는 과정을 포함한다.

다음 단계는 기대여명(life expectancy)과 연금자산의 미래가치 예측 및 인플레이션이 조정된 연금인출(withdrawals)을 입력모수(input parameter)로 하여 보다 정교한 연금분석을 설계할 것이다. 이 단계에서는 몬테카를로(Monte Carlo) 시뮬레이션 같은 고급 R프로그래밍 기술을 사용한다.

마지막으로 RShiny® 패키지를 사용하여 R프로그래밍으로 구축한 은퇴재무설계 계산기를 웹에서 공유하는 방법을 소개한다. R애플리케이션의 공유를 누구나 재현할 수 있도록 단계별로 자세하게 설명할 것이며, 이는 책을 통해 완성하려는 최종 결과물이다.

## 2. R 시작하기

첫번째 작업은 내 컴퓨터에 R을 설치하는 것이다. 이 책의 부록에 R프레임워크의 설치방법에 대한 도움말이 있으니 참고하라.

R은 Windows, MacOS, UNIX 등 다양한 플랫폼에서 실행되는 무료 소프트웨어이다. R 설치파일은 CRAN 'The Comprehensive R Archive Network'의 미러 사이트(mirror sites) 중 하나에 접속하여 다운로드 받을 수 있다.

윈도우에서 R을 처음 설치하는 경우 'R-4.3.1 for Windows' 이름을 가진 설치파일을 받게 될 것이다(2023년 8월 기준). 이 버전은 64-bit을 포함하여 대부분의 윈도우 버전에서 설치가 가능하다.

사실 R만 설치해도 기본적인 프로그래밍 작업을 하는데 아무런 문제가 없다. 하지만 프로그래밍을 보다 쉽고 종합적으로 작업하려면 통합개발환경 프로그램을 사용하는 것이 좋다.

---

2) 적립금의 기여금 및 투자수익을 포함한 수입과 연금급여의 지출이 일치하도록 재정계획을 책정하는 것을 의미함.

## 3. RStudio®

RStudio®가 바로 위에서 언급한 통합개발환경 프로그램이다. RStudio®를 설치하는 방법은 부록에 소개되어 있다.

RStudio® 설치 후 실행하면 [그림 2]와 같은 작업환경이 화면에 나타난다.

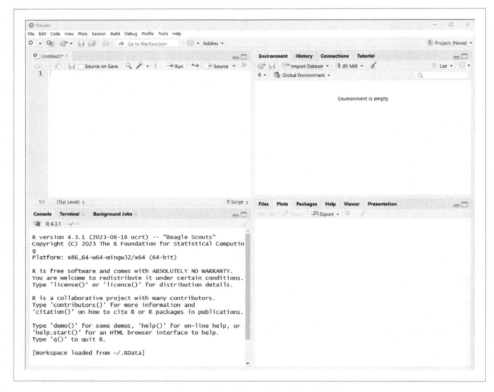

**그림 2. RStudio® IDE 통합개발환경**

화면 상단에 File, Edit, Code, View, Plots과 같은 메뉴가 있다. 각 메뉴에 어떤 기능이 있는지 살펴보자. 연금계리 프로그래밍에서 사용하는 메뉴와 기능은 필요할 때마다 설명하겠다.

[그림 2]의 왼쪽 상단에 보이는 'Untitled1*'은 새 R스크립트 파일을 열면 임의로 지정되는 제목이다. 모든 것이 새롭더라도 걱정하지 말자. 차차 익숙해질 것이다. 메뉴에서 [File]−[New File]−[R Script]를 선택하면 동일한 화면이 열

린다.

　RStudio® 통합개발환경은 4개의 창으로 구분되어 있고, 각 창은 출력이나 상호작용을 위한 것이다. (1) 왼쪽 하단은 Console 창, (2) 왼쪽 상단의 창은 스크립트 모드에서 코드를 편집할 수 있는 Source Code 창, (3) 오른쪽 상단은 진행 중인 작업의 기록이나 연결 등을 추적하는 창, (4) 오른쪽 하단은 파일 관리, 시각화, 패키지, 도움말과 뷰어가 통합되어 있는 창이다. 각 창의 위치는 [Tools]−[Global Options]의 Pane Layout 탭에서 변경할 수 있다.

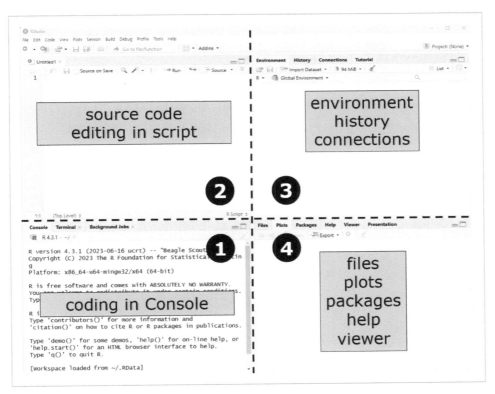

　　　　　　　　　　:•: 그림 3. RStudio® IDE 통합개발환경의 4개 창

　각 창 사이의 분할선을 마우스로 드래그 하면 창의 크기 조절이 가능하다.

# R프로그래밍 기초

## 1. R Console 사용법

RStudio®에서 가장 눈에 띄는 것은 왼쪽 하단의 Console 창이다. Console 은 R명령어를 입력하고 실행하는 창이다. 앞서 언급한 것처럼 R을 기능적인 면에서 보면 언어를 해석하는 프로그램이다. 따라서 R은 Console에 입력한 코드를 한줄씩 차례대로 해석하고 실행한다.

모든 프로그래밍 언어는 실행하려는 요소(element)의 유효한 배열이나 순서를 의미하는 구문(syntax), 요소의 구조인 문법(grammar), 그리고 인식되는 요소의 목록(inventory)인 단어(vocabulary)등 3가지 요구사항을 준수해야 한다.

이 책은 프로그래밍 언어의 3가지 요구사항인 구문, 문법, 단어를 완벽하게 다루지 않는다. 대신 이들을 통합적으로 사용하여 연금계리 애플리케이션을 구축할 수 있는 능력을 키우는 것이 최종목적이다. 제한된 지면에서 R언어의 활용과 응용을 완벽하게 다루는 것은 불가능하다. 왜냐하면 R과 R커뮤니티는 창의력과 상상력이 허용하는 한 매순간 진화하고 있기 때문이다.

그럼에도 불구하고 어디선가는 시작해야 한다. 이 책은 그 시작점을 알려주기 위해 쓰였다.

R과 RStudio®에는 도움말(Help) 기능이 잘 갖추어져 있다. 프로그래밍 작업 중 R에서 통계분포(statistical distributions)를 사용하는 방법에 대해 알고 싶다고 해보자.

Console의 프롬프트(prompt) '>' 앞에 'help(Distribution)' 또는 '?Distribution'을 입력해보자.

```
?Distribution
```

위 명령어를 실행하면 [그림 4]처럼 오른쪽 하단의 Help 창에 통계분포와 관련된 명령어 목록과 설명 및 예시, 그리고 확장적으로 검색할 수 있는 명령어 목록을 보여준다.

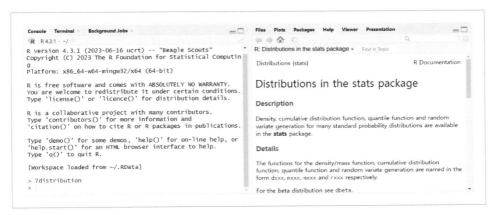

:: 그림 4. RStudio® 통계분포 도움말 예시

오른쪽 하단 창을 자세히 살펴보면 Files에서 Help로 탭이 전환된 것을 확인할 수 있다. 동일 창의 오른쪽 상단 돋보기에서도 도움말 검색이 실행될 수 있다. 도움말 검색에서는 R/RStudio®에서 사용가능한 모든 명령어를 검색할 수 있다. 기능키 F1를 사용해도 도움말이 출력된다.

이번에는 균등분포(uniform distribution)에서 난수(random number)를 생성하는 방법을 알아보자.

R은 패키지를 설치하지 않아도 사용가능한 내장함수(built-in function)를 제공하고 있으며, 그중에는 난수를 생성하는 함수도 있다.

Console 창의 프롬프트 '>'에 '?Uniform'을 입력해보자.

**?Uniform**

오른쪽 하단 Help 창에 'Uniform'은 최소값(min)과 최대값(max) 사이의 균등분포 정보를 제공하는 함수라는 도움말이 출력된다. 'unif'는 'uniform' 함수의 핵심구문(kernel)이며, 'unif' 앞에 'd'를 붙이면 확률밀도함수(probability density)

인 'dunif', 'p'를 붙이면 누적분포함수(cumulative distribution)인 'punif', 'q'를 붙이면 분위수함수(quantile)인 'qunif', 그리고 'r'을 붙이면 난수생성함수 (uniform random number)인 'runif'가 된다.

이는 정규분포(normal distribution)나 다른 유형의 분포 명령어에도 동일하게 적용될 수 있다.

각 함수는 시각화도 가능하지만, 이는 뒤에서 설명하겠다. 일단 난수 생성을 실행해보자.

다음은 난수생성함수의 기본구조이다.

```
runif(n, min= 0, max=1)
```

'runif' 뒤 괄호 '( )' 사이에 삽입된 인수(argument) 정보를 살펴보자. 'n'은 생성할 난수의 개수이며, 'min' 과 'max'는 난수의 범위가 될 최소값과 최대값 이며, 이들은 유한한 값이어야 한다.

'uniform' 함수의 도움말을 보면 세부사항(details)에 'min'이나 'max'가 지정 되지 않은 경우 R은 이들을 기본값(default)인 0과 1로 각각 지정한다고 설명되 어 있다.

Console에 다음과 같이 입력해보자.

```
runif()
```

위 명령어를 실행하면 'Error in runif() : argument "n" is missing, with no default'의 에러 메시지가 반환된다. R프로그래밍을 하다 보면 수많은 에러 메 시지를 접한다. R전문가도 대부분의 작업시간을 디버깅[3](de-bugging)에 할애한 다. 이 에러 메시지는 runif() 명령어에서 인수 'n'이 지정되지 않았고, 이를 대 체할 기본값(default)도 없다는 것을 의미한다.

각 함수에는 필수적으로 지정하는 인수와 선택적으로 지정할 수 있는 인수가 있다. 'runif' 명령어의 경우 난수의 개수인 'n'을 반드시 지정해야 하지만, 괄호

---

3) 소스 코드에서 오류 또는 버그를 찾아 수정하는 작업

안 '( )'이 빈칸으로 되어 있어 에러 메시지가 발생하는 것이다. 반면 'min'과 'max'는 선택적으로 지정할 수 있는 인수이며, 따라서 지정하지 않아도 에러 메시지가 발생하지 않으며, 이 경우 자동으로 기본값인 0과 1로 각각 지정된다.

다시 Console에 다음과 같이 입력해보자.

```
runif(1)
```

위 명령어를 실행하면 0과 1사이의 균일분포에서 난수로 추출된 한 개(1)의 숫자가 출력된다. 'n'을 100으로 입력하면 [그림 5]처럼 0부터 1사이의 균일분포에서 100개의 난수가 출력된다.

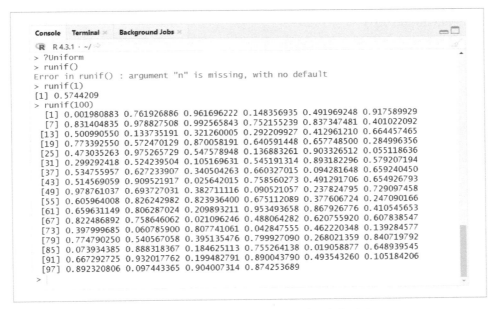

:: 그림 5. Console에 표시된 runif(100)의 결과

Console에서 이미 실행한 명령어는 재실행이 되지 않는다. 다시 실행하기 위해서는 재입력이 필요한데, 이때 Console의 프롬프트 '>'에 마우스 커서를 위치시키고 위쪽 또는 아래쪽 화살표 키를 누르면 이전에 실행했던 명령어를 둘러볼 수 있다. 또는, 'Ctrl + 위쪽 화살표'를 누르면 팝업창이 뜨면서 이전에 입력

했던 모든 명령어를 보여준다.

'Ctrl + c'는 명령어 실행이 오래 걸릴 경우 실행을 중단할 수 있다.

'Ctrl + l'은 Console의 화면을 깨끗하게 지워준다.

출력된 100개의 난수 앞에 위치한 대괄호 '[ ]' 안의 숫자를 살펴보자. 각 열의 시작 위치에 있는 대괄호 안의 숫자는 뒤에 따라오는 난수의 위치 정보를 제공한다. [그림 5]에서 출력된 100개의 난수 중 1번째는 '0.001980883[4]'이고, 65번째는 '0.867926776'이다.

R에서는 대부분의 통계함수를 사용할 수 있으며, 관련 도움말도 검색할 수 있다. 예로, 'mean' 함수는 일련 값의 산술평균을 계산한다. 도움말은 함수 앞에 '?'를 붙여 프롬프트에 입력하여 실행하거나 Help 탭을 사용하면 된다.

```
mean(runif(100))
```

생성할 난수의 개수를 증가시키면 평균값은 이론적으로 0.5에 수렴하며, 표준 편차도 줄어든다.

:: 그림 6. 난수의 증가에 따른 평균값 수렴

## 2. R스크립트 파일

명령어를 실행할 때마다 Console에 코드를 입력하는 것은 효율적이지 않다.

___

4) 난수로 출력된 값이니 실행할 때마다 값이 다를 수 있다.

재입력하지 않으면서 쉽게 코드를 편집하고 재활용하는 방법이 있다. 이는 왼쪽 상단에 있는([그림 3]의 2번 창) 스크립트 파일(R Script File)에서 가능하다. R스크립트 파일은 일련의 R 코드를 작성하여 저장한 텍스트 파일이다.

'Untitled1*'의 R스크립트 파일에 다음 명령어를 입력해보자.

```
runif(100)
mean(runif(100))
plot(runif(100))
```

메인 메뉴 중 [File] − [Save As…]로 이동하여 'Untitled1*' 파일을 원하는 디렉토리에 'MyFirstScript' 이름으로 저장하자. RStudio®는 스크립트 파일을 편집하면 파랑색의 디스크 아이콘이 활성화되며, 파일이름이 별모양과 함께 빨간색으로 변하면서 저장할 것을 요청한다.

:: 그림 7. 'MyFirstScript' 스크립트 파일 창

저장한 R스크립트 파일은 '.R'의 확장명으로 저장된다.

R스크립트 파일에서 입력한 코드를 실행하려면 'Shift + 위쪽 화살표' 또는 'Shift + 아래쪽 화살표'로 실행할 코드의 범위를 선택하고, R스크립트 창의 오른쪽 상단에 있는 'Run'을 (오른쪽을 가리키는 녹색 화살표를) 클릭하면 된다.

또는 코드를 드래그 하여 선택한 후 'Ctrl + <Enter>'로 실행할 수 있다. R스크립트가 실행되면 [그림 8]과 같이 Console에서 R스크립트는 파란색으로 표시되며, 오른쪽 하단의 Plots 창에 그래프가 출력된다.

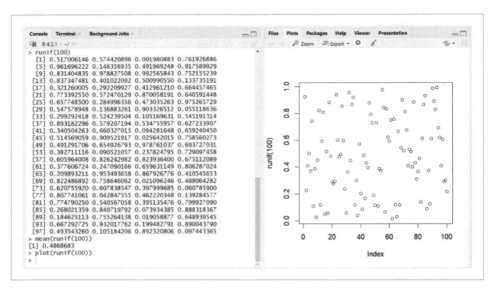

:: 그림 8. Console과 Plots에 표시된 실행결과

이 책의 중간에 데이터 시각화와 관련하여 제목, 축, 범례뿐만 아니라 다른 다양한 옵션 기능에 대해 소개하겠다.

스크립트를 실행할 때 발생하는 모든 오류는 Console에 빨간색으로 표시되며 사용자에게 디버깅이 필요하다는 것을 알려준다. 스크립트의 코드는 수정, 저장, 실행을 반복하여 실행할 수 있다.

코드에 대한 정보를 주석(comments)으로 남겨두면 나중에 코드를 이해하는데 도움이 된다. 주석을 남길때는 '#' 기호를 사용한다. [그림 9]처럼 '#' 기호 뒤에 있는 내용은 녹색으로 표시되면서 실행되지 않는다.

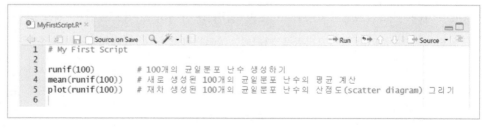

:: 그림 9. 스크립트의 주석 예시

　　프로그래밍의 스타일에도 많은 종류가 있다. 혼자 간단한 프로젝트를 진행할 때는 프로그래밍의 작업기준이나 스타일이 그다지 중요하지 않을 수 있다. 하지만 코딩의 양이 많아지고, 프로젝트의 중요도가 높아지면서 다수의 개발자가 참여하거나 개발자 간에 서로 개발한 코드를 주고받는 상황이 되면 작업기준과 스타일이 중요해진다.

　　부록에 프로그래밍 스타일에 대한 도움말이 있으니 참고 바란다.

## 3. 파일, 시각화, 패키지, 도움말 및 뷰어

　　오른쪽 하단의 View 창([그림 3])에는 Files, Plots, Packages, Help, Viewer, Presentation 탭이 있다.

　　Files 탭에서는 사용자의 선호에 따라 파일관리와 디렉토리 구성이 가능하다.

　　Files 탭의 유용한 기능 중 하나는 진행중인 프로젝트에 전용으로 사용하는 작업 디렉토리(working directory)의 설정이 가능하다는 점이다. 파란 톱니바퀴 아이콘이 그려져 있는 'More'의 드롭다운 목록에서 'Set As Working Directory'를 선택하면 현재 창에 보이는 폴더가 작업 디렉토리로 지정된다. 이제 RStudio®는 현재 작업중인 파일을 지정한 작업 디렉토리에서 처리하고 관리한다.

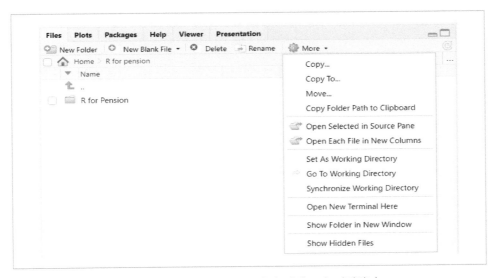

:: 그림 10. Files 탭에서 작업 디렉토리 지정하기

다음 명령어를 Console에서 실행해도 작업 디렉토리를 지정할 수 있다. 'R for pension' 이름을 가진 폴더를 만들고 이 폴더를 작업 디렉토리로 지정해 보자.

```
setwd("~/R for pension")
```

현재 진행중인 프로젝트에 지정된 작업 디렉토리를 알기 원할 경우 Console 에 다음 명령어를 실행하면 된다.

```
getwd()
```

[그림 11]과 같이 오른쪽 하단의 창에서 Packages 탭을 선택하면 사용자의 컴퓨터에 설치되어 있는 모든 R패키지 목록을 확인할 수 있으며, 최신 버전의 패키지로 업데이트도 가능하다.

| | Name | Description | Version | |
|---|---|---|---|---|
| **User Library** | | | | |
| ☐ | askpass | Safe Password Entry for R, Git, and SSH | 1.1 | ⊕ ⊗ |
| ☐ | curl | A Modern and Flexible Web Client for R | 5.0.1 | ⊕ ⊗ |
| ☐ | digest | Create Compact Hash Digests of R Objects | 0.6.32 | ⊕ ⊗ |
| ☐ | jsonlite | A Simple and Robust JSON Parser and Generator for R | 1.8.5 | ⊕ ⊗ |
| ☐ | openssl | Toolkit for Encryption, Signatures and Certificates Based on OpenSSL | 2.0.6 | ⊕ ⊗ |
| ☐ | packrat | A Dependency Management System for Projects and their R Package Dependencies | 0.9.1 | ⊕ ⊗ |
| ☐ | rsconnect | Deployment Interface for R Markdown Documents and Shiny Applications | 0.8.29 | ⊕ ⊗ |
| ☐ | rstudioapi | Safely Access the RStudio API | 0.14 | ⊕ ⊗ |
| ☐ | sys | Powerful and Reliable Tools for Running System Commands in R | 3.4.2 | ⊕ ⊗ |
| ☐ | yaml | Methods to Convert R Data to YAML and Back | 2.3.7 | ⊕ ⊗ |

Files  Plots  **Packages**  Help  Viewer  Presentation

⦿ Install  ⟳ Update

∷ 그림 11. View 창의 Packages 탭 사용자 패키지 목록

　오픈소스 언어인 R의 진정한 매력은 수많은 계리사와 데이터과학자가 자신들이 개발한 R패키지를 다른 사용자와 공유한다는 점이다. 여기서 패키지란 어떤 과제를 해결하거나 애플리케이션을 개발하기 위해 작성한 코드, 데이터, 문서를 한데 모아 놓은 것을 의미한다. R과 RStudio®는 사용자의 프로젝트 작업공간에 이 패키지를 불러와 활용할 수 있도록 지원한다.

　R커뮤니티에는 이미 엄청난 수의 R패키지가 존재하며, 여러분이 해결하려는 과제가 이미 다른 사용자에 의해 어떤 형태로든 해결되었을 확률이 높다.

　패키지는 다양한 방법으로 R 작업공간에 불러올 수 있다. 패키지가 보관되어 있는 일반적인 위치는 CRAN 또는 GitHub이다. CRAN은 'The Comprehensive R Archive Network'의 약자로 R커뮤니티에서 사용하는 R코드 및 문서의 공식 저장소이다. CRAN에서 R을 설치하는 방법은 부록에서 확인할 수 있다. CRAN에서 패키지를 불러와 설치하려면 프롬프트에 다음 명령어를 실행하면 된다.

```
install.packages("name of the package")
```

　패키지 설치 후 사용하려면, 'library' 또는 'require' 명령어로 패키지를 작업공간으로 불러와야 한다. 이는 윈도우에서 프로그램을 설치 후 사용하려면 윈도우 상에서 프로그램을 실행해야만 사용할 수 있는 원리와 비슷하다.

```
library(name of the package)
```

　Console의 프롬프트에서 위 명령어를 실행하면 괄호 안에 적혀진 패키지의 기능을 사용할 수 있다.

　이 책에서는 엑셀파일(.xls)을 읽고 가공할 수 있는 'readxl' 패키지를 빈번하게 사용한다. 패키지에 대해 궁금하면 Console이나 패키지 창에서 언제든지 도움말을 불러올 수 있다.

```
help(package="readxl")
```

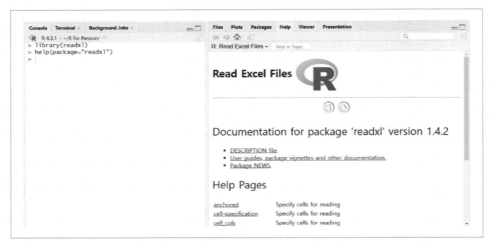

:: 그림 12. Console에서 패키지 도움말 불러오기

　　R패키지는 일반 업무용으로 사용할 수 있고, 특정 영역의 전문적인 작업도 가능하다. 일반 업무용 작업의 예로 XML, SAS, SPSS, ODBC, SQL 같은 다양한 형식의 코드와 커넥터[5](connector)에서 데이터를 불러오기, 데이터 처리나 가공(관련 패키지: dplyr, tidyr, lubridate 등), 데이터의 시각화(관련 패키지: ggplot2, leaflet), 데이터의 모델링(관련 패키지: survival), 애플리케이션 웹 공유(관련 패키지: shiny) 등이 있다.

---

5) 서로 다른 프로그램 간 통신 및 데이터의 전송을 가능하게 하는 프로그램 구성 요소

# R의 기본개념

R을 본격적으로 시작하기 전에 몇 가지 기본개념을 숙지할 필요가 있다. 프로그래밍 경험이 있는 분들은 이미 알고 있는 내용일지 모른다. 이제부터 [그림 13]에 있는 순서대로 연금계리와 각 장의 프로그래밍에 사용된 R코드를 이해하는데 필요한 기본개념을 소개할 것이다.

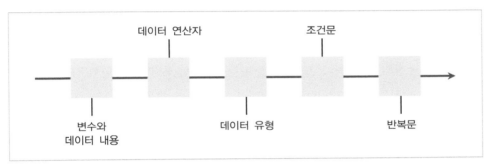

:: 그림 13. R의 기본개념 설명순서

## 1. 객체와 변수 생성하기

앞서 Console 또는 R스크립트 파일에서 runif() 명령어를 실행한 적이 있다. R은 Console에서 명령어를 실행할 때마다 반복해서 입력해야 한다. 이는 기본적으로 R은 계산기의 특징을 가지고 있기 때문이다.

다음과 같이 프롬프트에 1+2를 입력하면, 3이 출력된다.

```
> 1+2
[1] 3
```

대괄호 '[1]' 안에 있는 1은 3이 출력된 요소 중 첫번째 값이라는 위치정보를 나타낸다.

R은 객체(object)나 변수(variable)에 정보를 할당(assigning)하여 저장할 수 있다. R의 데이터 기본단위는 객체이며 객체는 이름(name)과 모드(mode) 및 기타 속성을 가지고 있다. 값(value)은 변수에 저장될 수 있다. 변수는 메모리 상의 공간, 그리고 연관된 값으로 볼 수 있다.

숫자 3이라는 정보를 변수 'x'에 저장하려면 할당 연산자 '< −'를 사용한다. 할당 후 변수 'x'는 다른 값을 재할당할 때까지 3의 값을 유지한다. 다른 프로그래밍 언어와는 달리 R은 변수를 별도로 선언[6](declare)할 필요가 없으며, 값이 할당되자마자 선언이 동시에 이루어진다. R은 변수를 생성하자마자 변수를 인식하며, 변수 안에 저장된 값의 내용에 따라 자동으로 유형을 해석하고 지정한다. 숫자(numerical) 값이 변수에 할당되었다면, 변수는 별도의 선언 없이 숫자가 된다.

이러한 유형의 개념을 모드(mode) 또는 클래스(class)라고 한다. R에서 객체의 모드는 숫자인 경우 'numeric'(-2, -1, 0, 1, 2와 같은 자연수일 경우 'integer', 소수점 이하가 포함된 실수인 경우 'double'), 문자인 경우는 'character', 참(true) 또는 거짓(false)을 나타내는 불리언[7](Boolean) 자료인 경우 'logical'로 분류된다. 'mode' 명령어를 실행하면 변수의 모드나 클래스 정보를 반환한다.

변수의 평가(evaluation), 즉 변수에 어떤 값이 저장되어 있는지 확인하려면 변수의 이름을 입력하고 실행하면 된다.

변수 'x'를 프롬프트에 입력하여 실행하면 'x'에 3이 저장되어 있고, 'mode' 명령어를 실행하니 변수의 모드가 숫자라는 정보가 출력된다. '?mode' 명령어로 도움말을 호출하면 View 창에 'mode'가 객체의 유형(type) 또는 저장된 모드(mode)의 정보를 출력하거나 지정하는 명령어라는 정보를 보여준다.

---

6) 변수라는 기억공간에 이름을 정의하는 것
7) 영국의 수학자이자 논리학자였던 죠지 불(George Boole)의 이름에서 따왔으며 프로그래밍에서 불리언(Boolean) 자료형은 참(true)과 거짓(false)을 나타내는 값을 의미하며, 숫자형 모드로 변환할 경우 true는 1, false는 0으로 표시되기도 한다.

```
> x <- 3
>
> x
[1] 3
>
> mode(x)
[1] "numeric"
>
```

할당 연산자인 '< ─' 대신 종종 '='을 사용하기도 하지만, '='는 함수 내에서 값을 할당할 때 사용하는 예약된(reserved) 함수이다.

또한 R은 변수의 이름에서 대문자와 소문자를 다르게 인식한다. 예를 들어 'X'와 'x'는 완전히 다른 변수의 이름이다. 변수의 이름이 'x'인데, R에서 'X'를 호출하면 R은 에러 메시지를 출력한다. 'object 'X' not found'

RStudio®의 또 다른 매력은 프로그래머 통합 인터페이스를 통해 작업공간(workspace)이라고 불리는 곳에서 사용자가 정의한 모든 객체에 대해 추적이 가능하다는 점이다. 사용자정의객체(user─defined objects)에 대해서는 뒤에서 설명하겠다. 여기서 작업공간이란 작업 중 생성된 모든 객체가 저장된 기억공간을 의미한다.

윈도우의 오른쪽 상단에 Environment 탭이 보인다. [그림 14]에는 변수 'x'에 할당 값인 3이 메모리에 저장되어 있음을 보여준다.

:: 그림 14. 오른쪽 상단 Environment 탭

벡터(vectors), 행렬(matrices), 데이터프레임(data frames) 등의 데이터 유형과 함수(functions)로 프로그래밍 작업을 할 때 자연스럽게 이해가 되겠지만, Environment 탭은 사용자가 작업중 변수에 할당된 값을 빠르게 확인하고 싶을

때 유용하다. 디버깅(de-bugging)에도 활용도가 높다.

RStudio®는 각 세션을 닫을 때 작업공간 이미지를 저장할지 여부를 묻는다. 저장했던 이미지 파일을 열면 사용했던 스크립트와 데이터를 종료했던 그대로 다시 시작한다.

## 2. 변수 연산자

연산자를 사용하면 변수 간의 결합이나 계산도 가능하다. 연산은 기본적으로 산술이나 논리로 실행된다.

R이 인식하는 일반적인 산술 연산자는 덧셈(+; addition), 뺄셈(-; subtraction), 곱셈(*; multiplication), 나눗셈(/; division) 및 지수(^; exponentiation)가 있다.

```
> 2^3
[1] 8
>
```

2의 3승은 8로 숫자로 실행한 연산은 숫자로 출력된다.

논리 연산자는 '보다 크다(greater than; >)', '보다 작다(less than; <)', '보다 크거나 같다(greater than or equal to; >=)', '보다 작거나 같다(less than or equal; <=)', '완전히 같다(strictly equal; ==[8])', '논리부정 연산자(not; !)', '서로 같지 않다(not equal; !=)', '동시조건만족(and; &)' 등이 있다.

논리 연산자의 실행결과는 TRUE 또는 FALSE로 출력된다. 논리 연산자 결과값의 모드는 역시 논리(logical)이다.

```
> x > 5
[1] FALSE
> mode(x>5)
[1] "logical"
>
```

---

8) 완전히 같다(strictly equal) '==' 논리 연산자는 두 개의 피연산자가 동일한지를 확인하여 불리언(Boolean) 논리값을 출력하며, 동일한 경우 TRUE 다른 경우 FALSE 값을 반환한다.

특수 연산자인 ' : '은 1씩 증가하거나 감소하는 수열(벡터)을 생성한다. CRAN[9]은 모든 유형의 연산자에 대해 자세하게 설명하고 있다.

## 3. 데이터 유형

데이터 유형(data type)에는 스칼라(scalar), 벡터(vector), 행렬(matrix), 배열(array), 목록(list), 그리고 데이터프레임(data frame)이 있다.

(1) 스칼라(scalar)는 하나의 데이터에 하나의 값을 갖는 기본 데이터 구조이며, R에서 스칼라는 요소가 1개인 벡터와 동일하다. 따라서 벡터는 스칼라를 포함하는 개념이다.

(2) 벡터(vector)는 동일한 유형의 다수 값을 갖는 기본 데이터 구조이다. 결합(combine) 또는 연결(concatenate)을 의미하는 일반함수인 'c()'를 비롯해 다양한 명령어로 인수를 결합하여 벡터를 생성할 수 있다.

벡터를 생성하는 가장 일반적인 방법은 인수를 결합하는 것이다. R에서 벡터를 결합할 때 인수는 강제적으로 반환 값의 공통유형으로 인식된다. 예를 들어, 숫자벡터와 문자벡터를 결합하면 합쳐진 벡터의 모든 인수는 문자로 인식된다.

```
> x <- c (1, 2, 3, 4, 5, 6)
>
> x
[1] 1 2 3 4 5 6
>
> class(x)
[1] "numeric"
>
```

[그림 15]의 Environment 탭에서 변수 'x'가 스칼라(1개의 요소를 가진 벡터)에서 6개의 요소를 가진 벡터로 변환된 것을 확인할 수 있다.

---

9) https://cran.r−project.org/doc/manuals/r−release/R−intro.html

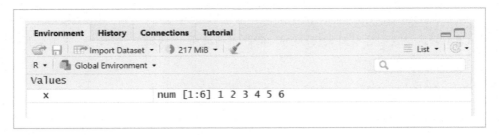

:: 그림 15. Environment 창의 변수 'x' 값 정보

(3) 행렬(matrix)은 행(row)과 열(column)을 가진 2차원 벡터로 볼 수 있다.

'matrix' 명령어는 행렬 데이터를 생성하며, 인수 중에서 행의 수 (nrow=), 열의 수 (ncol=), 행렬의 구조[10] (byrow=) 정보를 필수로 지정해야 하며, 각 면의 이름을 선택적으로 지정할 수 있다.

RStudio®가 가진 유용한 기능 중 하나는 Console과 R스크립트 창에서 활용할 수 있는 툴팁(tooltips) 도움말이다([그림 16]).

:: 그림 16. 툴팁(tooltips) 도움말

1에서 6까지 순차적인 숫자를 포함하고 2개의 행(row)과 3개의 열(column)을 가진 행렬 데이터를 만들어보자.

---

10) 'byrow' 옵션은 행렬을 생성할 때, 각 원소의 값을 채우는 방향을 설정하는데 사용된다. 'byrow' 값을 'false'로 설정하면 원소 값을 열(세로) 방향으로 채우며, 'true'로 설정하면 행(가로) 방향으로 채운다.

```
> m <- matrix(data = x, nrow = 2, ncol = 3, byrow = "true")
> m
     [,1] [,2] [,3]
[1,]    1    2    3
[2,]    4    5    6
>
```

동일한 결과를 다음 명령어로 생성할 수 있다.

```
> m <- matrix(1:6, 2, 3, byrow = "true")
>
```

'byrow＝FALSE'로 지정하거나 생략하면 기본값(FALSE)으로 지정되며, 이때 행렬은 열 방향(세로) 순서로 채워진다.

열 방향(세로)으로 원소가 채워진 행렬 m이 완성되었다. 모든 원소는 정수이다.

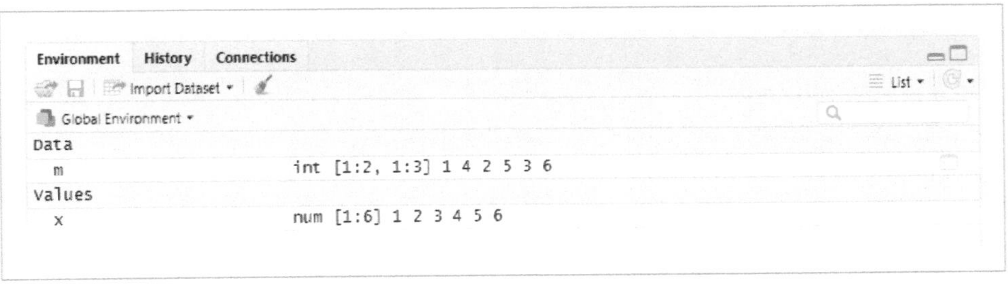

그림 17. Environment 탭의 행렬 'm' 정보

'ls()' 명령어는 작업공간의 모든 요소의 목록을 출력한다.

'rm()' 명령어는 작업공간 메모리에 저장되어 있는 요소 중 소괄호 '()' 안에 있는 요소를 제거한다.

이 외에도 벡터와 행렬을 다루는 수많은 명령어가 있다. 이들은 R프로그래밍에서 자주 사용하게 되니 익혀 두기 바란다.

R프로그래밍의 데이터 처리에서 전반적으로 적용되는 두 가지 중요한 특징이 있다. 이는 R이 다른 프로그래밍 언어와 차별이 되는 점이기도 하다.

그중 첫번째는 '벡터화(vectorization)'이다.

Fortran이나 COBOL과 같은 구식 언어와 달리 R언어는 벡터화 원리를 따른다. 따라서 R은 데이터 구조를 처리 및 저장하기 위해 인덱스[11](index)를 반복(loop[12])할 필요가 없다. 이는 앞에서 벡터 'x'와 행렬 'm'을 생성할 때 이미 경험하였다. R은 반복 연산의 실행 시 각 요소가 배치되는 단계에서 이러한 유형의 데이터 구조를 선언하지 않아도 완벽하게 해석해내고 실행한다.

이 원리는 연산자에도 동일하게 적용된다.

예로 2의 값을 가진 6개의 요소로 이루어진 벡터 'y'를 생성해보자.

```
> y <- c(2, 2, 2, 2, 2, 2)
> y
[1] 2 2 2 2 2 2
>
```

복제함수 명령어 'rep'을 사용해도 같은 값을 반복하여 출력할 수 있다. 'rep' 명령어는 첫번째 인수 값을 두번째 인수 값만큼 반복해서 출력한다.

```
> y <- c(rep(2, 6))
> y
[1] 2 2 2 2 2 2
>
```

'x'와 'y'를 더하고 곱할 때 백터화가 연산자에 적용이 되는 것을 확인할 수 있다.

```
> x + y
[1] 3 4 5 6 7 8
>
> x * y
[1]  2  4  6  8 10 12
>
```

---

11) 벡터에서 특정 요소의 위치를 의미한다. 예시로, 3개 요소로 구성된 벡터에서 2번째 요소를 추출하려면 두번째라는 위치정보가 요소의 인덱스가 된다. 인덱스 정보를 사용하면 벡터에서 특정 요소를 추출할 수 있다. 인덱싱(indexing)이란 데이터의 위치정보로 요소를 반환하는 작업이다.
12) 특정 조건을 만족하는 동안 반복 실행하는 명령어 그룹을 지칭한다.

백터화로 인하여 반복 연산을 위해 추가적인 코딩이나 명령어가 필요 없다. 요소의 순서대로 연산자는 실행된다. R의 구문(syntax)는 상당히 직관적임을 알 수 있다.

행렬의 연산에도 백터화가 적용된다.

2개의 행과 3개의 열을 가진 행렬을 만들고, 각 행에는 'r1'과 'r2', 그리고 열에는 'c1', 'c2', 'c3'의 이름을 지정하자.

```
> n <- matrix(rep(2, 6), 2, 3, dimnames = list(c("r1", "r2"), c("c1", "c2",
"c3")))
> n
   c1 c2 c3
r1  2  2  2
r2  2  2  2
>
```

'dimnames' 명령어는 행렬의 차원(2x3)과 같은 수의 요소를 가진 2개의 벡터로 행과 열의 이름을 지정할 수 있다.

행렬끼리 더하고 곱하면 다음의 결과가 출력된다.

```
> n
   c1 c2 c3
r1  2  2  2
r2  2  2  2
> m
     [,1] [,2] [,3]
[1,]    1    2    3
[2,]    4    5    6

>
> m + n
   c1 c2 c3
r1  3  4  5
r2  6  7  8
>
> m * n
   c1 c2 c3
r1  2  4  6
r2  8 10 12
>
```

R의 행렬 곱셈은 일반적인 수학의 행렬 곱셈과는 다르다. 수학의 행렬 곱셈에서는 첫번째 행렬의 열과 두번째 행렬의 행의 수가 같아야 곱셈이 가능하다. 그리고 결과값의 차원은 [그림 18]과 같이 2×2이다.

$$\begin{pmatrix} 2 & 2 & 2 \\ 2 & 2 & 2 \end{pmatrix} \times \begin{pmatrix} 1 & 2 \\ 3 & 4 \\ 5 & 6 \end{pmatrix} = \begin{pmatrix} 18 & 24 \\ 18 & 24 \end{pmatrix}$$

:: 그림 18. 일반적인 수학의 행렬 곱셈

그러나 R의 행렬 곱셈은 같은 위치에 있는 요소가 쌍으로 곱해진다. 따라서 두 행렬의 차원은 2×3으로 동일해야 한다.

R에서 [그림 18]처럼 2×3 행렬과 3×2 행렬을 곱하는 경우 차원이 호환되지 않는다는 에러 메시지가 출력된다. 'Error in n*m: non−conformable arrays'

R에서 일반적인 수학의 행렬 곱셈을 실행하려면 '*' 연산자가 아닌 '%*%' 연산자를 사용한다.

R에서 데이터를 다룰 때 적용되는 두번째 특징은 재활용 규칙(recycling rule)이다.

재활용 규칙이란 길이가 다른 두 벡터로 연산이 실행될 때, 짧은 벡터가 긴 벡터의 길이에 맞추어 반복 사용되어 연산이 실행되는 것을 의미한다.

2의 값을 가진 2개의 요소로 이루어진 벡터 'z'를 생성해보자. 그리고 벡터 'x'에 벡터 'z'를 더해보고, 또 곱해보자. 결과를 확인하면 벡터 'z'의 값이 벡터 'x'의 길이에 맞추어 총 3번 사용된 것을 확인할 수 있다.

```
> x
[1] 1 2 3 4 5 6
>
> z <- c(2, 2)
> z
[1] 2 2
>
```

```
> x + z
[1] 3 4 5 6 7 8
>
> x * z
[1]  2  4  6  8 10 12
>
```

짧은 벡터와 긴 행렬 간에도 재활용 규칙은 적용된다. 하지만 길이가 다른 행렬 간 연산은 대부분 에러메시지를 출력한다.

(4) 배열(array)은 행렬과 유사하지만 차원이 2보다 큰 데이터 구조이다.

(5) 목록(list)은 벡터와 유사하지만 원소의 모드가 다양하다. 따라서 목록 안에는 숫자, 논리, 문자 등 혼합된 모드의 데이터가 포함될 수 있다. 목록은 'list' 명령어로 생성된다.

```
> l <- list(1, 2, "a", "b", FALSE)
> l
[[1]]
[1] 1

[[2]]
[1] 2

[[3]]
[1] "a"

[[4]]
[1] "b"

[[5]]
[1] FALSE

> mode(l)
[1] "list"
>
> class(l)
[1] "list"
>
```

목록의 출력은 벡터의 출력과 같지 않다. 벡터에서 원소의 위치정보는 대괄호 '[ ]' 안에 출력되는 반면, 목록에서 원소의 위치정보는 이중 대괄호 '[[ ]]' 안에 표시된다.

(6) R에서 데이터프레임(data frame)은 데이터 구조와 처리에서 매우 유용하다. 데이터프레임은 행의 수가 같은 변수의 목록(list)이며, 각 행은 고유의 이름을 가지고 있다. 흔히 데이터 분석에서 볼 수 있는 표 형식의 데이터가 데이터프레임의 대표적인 예이다. 데이터프레임이 행렬과 다른 점은 각 열 안의 원소가 같은 데이터 유형이지만, 각 행의 원소는 유형이 같을 필요가 없다. 데이터프레임으로 연산 할 때 모든 열(세로)은 벡터의 역할을 하며, 행(가로)은 목록의 역할을 한다.

이 책에서 사용하는 데이터 유형은 대부분이 데이터프레임이다. 데이터프레임 파일을 읽고 쓰는 방법은 해당 장에서 설명하겠다. 데이터프레임은 'data.frame' 함수로 생성된다.

6개의 문자, 6개의 숫자, 6개의 불리언(Booleans) 논리값을 가진 데이터프레임을 생성해보자.

```
> letter <- c("a" ,"b", "c", "d", "e", "f")
> number <- c(1, 2, 3, 4, 5, 6)
> logical <- c(F, F, F, T, T, T)
>
> df <- data.frame(letter, number, logical)
> df
  letter number logical
1      a      1   FALSE
2      b      2   FALSE
3      c      3   FALSE
4      d      4    TRUE
5      e      5    TRUE
6      f      6    TRUE
>
```

앞서 이야기한 것처럼 데이터프레임은 각 열(세로) 안의 데이터 유형은 같지만, 각 행 안의 데이터 유형은 다를 수 있다. 이는 데이터프레임과 행렬의 분명한 차이점이다.

Environment 탭의 작업공간 정보도 [그림 19]처럼 변경되었다.

:: 그림 19. 데이터프레임 'df'의 정보

Console에서 'str()' 함수를 실행하면 작업공간 내에 저장되어 있는 임의의 R 객체의 구조를 간결하게 보여준다. 이 정보는 Environment 탭에서 보이는 것과 동일하다.

```
> str(df)
'data.frame':        6 obs. of  3 variables:
 $ letter : chr  "a" "b" "c" "d" ...
 $ number : num  1 2 3 4 5 6
 $ logical: logi  FALSE FALSE FALSE TRUE TRUE TRUE
>
```

## 4. 조건문과 반복문

### (1) if else 조건문

조건문은 어떤 조건이 충족되면, 하나 또는 다수의 다른 구문을 실행한다. 'if else' 조건문은 조건의 테스트 결과에 따라 명령어를 달리 실행한다.

```
> if (condition) {
>         # 조건이 참이면 명령어 실행
>     } else {
>         # 조건이 거짓이면 다른 명령어 실행
>     }
>
```

## (2) while 반복문

'while' 반복문은 조건이 유효하는 한 명령어를 반복 실행한다.

```
> while (condition) {
>            # 조건이 유효하면 명령문을 실행
>   }
>            # 조건이 유효하지 않으면 다음 명령어 실행
>
```

## (3) for 반복문

'for' 반복문은 지정한 횟수만큼 명령문을 반복 실행한다.

```
> for (condition) {
>            # 지정한 횟수만큼 명령문을 실행
>   }
>
```

'repeat', 'break', 'return' 등과 같은 구문도 존재한다. 이들에 대해 알고 싶다면 CRAN의 도움말을 참조하라.

## 5. Loop 명령문

최근에는 'loop' 명령문을 쓰지 않는다. 필요한 경우 'apply()' 같은 함수로 대체할 수 있다.

# R함수 작성 및 활용

## 1. 함수의 작성방법

함수(function)란 코드조각들의 모음으로 일련의 작업을 실행하며, 프로그래밍 된 후 언제든지 호출하여 실행할 수 있다.

R에는 많은 내장함수(built-in function)가 존재한다. 기존 코드를 사용자의 목적에 맞게 다시 프로그래밍 해야 할 경우도 있기 때문에 직접 함수를 작성할 수도 있다.

## 2. 함수 구문

함수는 이름(name), 인수 목록(a list of argument), 코드 본문(body of code), 그리고 하나 이상의 값을 가진 반환(return)으로 구성되어 있다. 함수는 할당된 이름으로 실행한다. 함수를 호출하면 입력한 인수가 함수 본문에 전달되어 실행되며, 결과를 반환한다. 인수 목록은 R객체[13]로 이루어져 있거나, 아예 없을 수도 있다. 코드 본문의 끝까지 실행했음에도 불구하고 반환이 없는 경우는 마지막으로 처리된 코드의 값이 반환된다.

## 3. R 내장함수

R에는 많은 내장함수가 있으며, 이는 R프로그래밍의 강점 중 하나이다. 이해하기 쉽도록 함수들을 카테고리에 따라 세분화해보자.

· 일반함수(general): seq, sort, tolower 등
· 통계함수(statistical): mean, sd, sample, glm 등

---

13) R객체는 R에서 사용하는 상수, 벡터, 행렬, 리스트, 데이터프레임, 함수, 연산자 등을 가리킨다.

· 수학함수(mathematical): log, cos, sin 등
· 그래픽함수(graphical): plot, abline, pairs 등

　R에서 함수는 기본적인 함수부터 회귀분석(regression), 최적화(optimization), 머신러닝(machine learning)과 같이 목적이 구체적이며 전문적인 함수도 있다. 각 함수의 업데이트는 R커뮤니티를 통해 패키지로 공유가 된다.

　내장함수의 정보는 RStudio®의 도움말로 확인이 가능하다. 프롬프트에 'help(함수이름)'이나 '?함수이름'을 실행하거나, 또는, '함수이름'을 입력하고 F1 키를 누르면 관련정보를 찾을 수 있다. Google®이나 네이버 검색도 큰 도움이 된다. 국내외 수많은 R사용자가 블로그나 유튜브를 통해 도움을 주고 있다. R 내장함수의 경우 코드 본문은 볼 수 없다.

## 4. 내장함수의 예시

　내장함수 중 하나인 'rnorm'은 정규분포(Normal Distribution) 내에서 난수를 반환하는 함수이며, 이 함수는 9장에서 은퇴재무설계 계산기를 구축하는데 사용된다.

　'rnorm(n, mean=0, sd=1)' 코드는 평균(mean)이 0, 표준편차(standard deviation; sd)가 1인 정규분포에서 n개의 난수를 반환하는 명령어이다. 3개의 인수 값은 자유롭게 지정이 가능하며, 이중에서 'n'은 필수이며, 평균(mean)과 표준편차(sd)는 선택사항이다. 지정하지 않았을 경우 'mean'과 'sd'는 기본값인 0과 1로 지정된다.

```
help(rnorm)
```

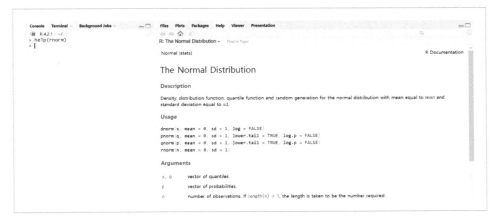

:: 그림 20. Help 탭의 정규분포 도움말 정보

[그림 21]처럼 Console에서 툴팁 도움말 기능도 사용할 수 있다.

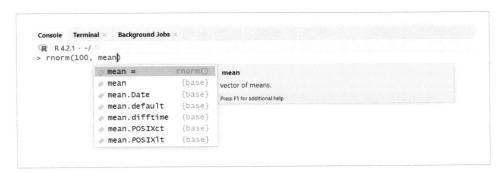

:: 그림 21. Console의 툴팁 도움말

표준 정규분포의 난수 100개를 호출해보자.

```
> rnorm(100)
  [1]  1.08536023 -1.25335259 -0.51796358  0.50033150 -1.27354921 -0.14828103 -1.09097146 -1.85094877 -0.05711203
 [10]  0.41502233 -0.26024211 -0.18907952 -0.44539860  0.34741921  0.80141311  0.80387231 -2.82929315  0.13734612
 [19] -0.58831931  0.99418634  0.09192664 -1.40374209  1.32518444  0.07827827 -0.15708492 -0.20068034  0.22647380
 [28]  1.38971795  1.17984961 -0.97766082  0.30123071  0.10574346  1.00938251  0.53130976  0.13896332 -1.51385754
 [37]  0.08342652 -0.06281974  0.55183438  0.59011718  1.65052169 -0.69335613 -1.36676830  0.06900563  0.58569933
 [46] -1.80725337 -1.57193775  0.38325424  2.06884950  0.83605780 -0.32775012  0.12249236 -0.67422852 -0.38584269
 [55] -0.86606282  0.18321909 -0.96792160  1.55362127  0.35361586  1.31187667  0.44594878 -0.23921146 -1.59501507
 [64]  1.14009023  0.42934620  0.03032766  1.45490804 -0.48071316 -0.37126664  0.60238789  0.33821435 -0.03925964
 [73] -0.20212159 -1.04167045  0.56636669 -0.14308816  0.52988529  0.27046808  0.13693812 -0.36729588  0.26931069
 [82] -1.11818310  1.10065939 -0.20201941 -1.67021298  0.46360879 -0.70495584  0.75890288  0.53575742  0.41852597
 [91] -2.04603680  0.57237340  0.15983985 -1.68763006 -1.05810201  0.13918975 -0.37781591 -1.92726949  0.62085441
[100]  0.60067165
>
```

## 5. 사용자정의함수

R에서 사용자정의함수를 정의하려면, 다음과 같은 구문 구조 및 규칙을 따라야 한다.

```
> 함수이름 <- function(인수) {
    인수의 계산 부분
    그 외 코드
    return(output)
}
>
```

연 이자율을 월 이자율로 변환하는 사용자정의함수를 작성해보자. 함수의 R스크립트는 [그림 22]와 같다.

```
  tomonthly.R ×
      Source on Save
  1  # 사용자 정의 함수 예시
  2
  3 ▾ tomonthly <- function(i)  {
  4    # 연 이자율 i를 월이자율 i12로 바꾸는 함수
  5    result <- (1+i)^(1/12)-1
  6    options(digits =2)
  7    sprintf("연이자율 %.2f%%를 월이자율로 변환하면 %.4f%%입니다.",i*100, result*100)
  8 ▴  }
  9
 10  tomonthly(.03)
 11
```

:: 그림 22. 이자율 변환 사용자정의함수

Console 내 결과는 [그림 23]과 같다.

```
>
> tomonthly(.03)
[1] "연이자율 3.00%를 월이자율로 변환하면 0.2466%입니다."
>
```

:: 그림 23. 이자율 변환 사용자정의함수 실행 결과

# R파일 읽기와 쓰기

R에서 데이터를 다루려면 RStudio®로 데이터를 가져오거나 내보내는 작업이 필요하다. 데이터 처리와 저장 및 분석을 지원하는 다양한 R패키지가 있는데, 그중 대표적인 패키지가 'readr'와 'readxl'이다.

이 책에서는 실무에서 유용한 기초적인 데이터 입출력 방법을 소개하겠다. 실무에서는 주로 .csv이나 엑셀 파일을 다루므로 'readxl' 패키지가 최적이다.

## 1. R에서 .csv 데이터 읽기

R은 텍스트(ASCII) 형식의 데이터를 'read.table', 또는 'read.csv' 명령어로 읽을 수 있다.

```
x <- read.csv("data.csv", header = TRUE, sep = ';', dec = ',')
```

5개의 숫자로 구성된 10개의 행이 각각 1,1과 1,5(2번째 행)에서 10,1과 10,5(11번째 행)까지의 값이 세미콜론으로 구분된 'data.csv' 파일을 메모장으로 만들어보자. 첫째 행은 ONE부터 FIVE까지 5개 열의 이름을 입력한다. 메모장에서 생성된 파일은 [그림 24]와 같다.

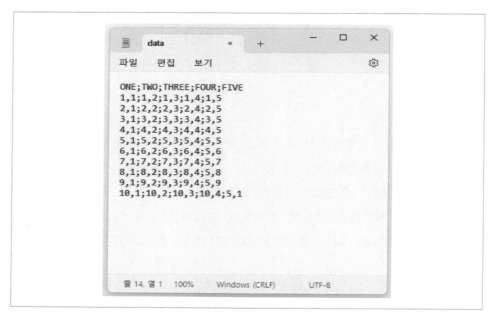

:: 그림 24. 메모장으로 작성된 data.csv 데이터

이 파일은 RStudio®에서 직접 확인할 수 있다. 오른쪽 하단 창에서 Files 탭을 선택하고, 'data.csv' 파일을 클릭한 뒤, 'View File'을 선택하자. 파일의 내용이 왼쪽 상단 창에 나타난다.

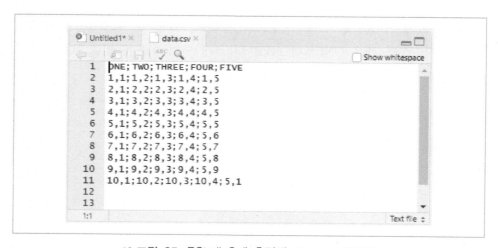

:: 그림 25. RStudio®에 출력된 data.csv 데이터

파일 이름의 경우 디렉토리/폴더에 대한 경로도 지정이 필요하다. R은 경로
가 지정되지 않으면 작업 디렉토리(working directory)에서 파일을 찾는다.

```
x <- read.csv("~/R for pension/data.csv", header = TRUE, sep = ';',
dec = ',')
```

다음 명령어로 파일을 찾을 디렉토리의 경로를 직접 지정할 수 있다.

```
x <- read.csv(file = file.choose(), header = TRUE, sep = ';', dec = ',')
```

이 명령어로 'Select file' 팝업창을 열어서 파일을 선택할 디렉토리로 직접 이
동할 수 있다.

∷ 그림 26. 'Select file' **팝업창**

데이터를 읽으면 객체 'x'에 데이터가 할당된다. 이는 Console에서 확인할 수
있다.

```
Console   Terminal    Background Jobs

   R 4.3.1 · ~/R for pension/
> setwd("~/R for pension")
>
> x <- read.csv(file=file.choose(), header=TRUE, sep=';', dec=',')
>
> x
    ONE  TWO THREE FOUR FIVE
1   1.1  1.2   1.3  1.4  1.5
2   2.1  2.2   2.3  2.4  2.5
3   3.1  3.2   3.3  3.4  3.5
4   4.1  4.2   4.3  4.4  4.5
5   5.1  5.2   5.3  5.4  5.5
6   6.1  6.2   6.3  6.4  6.5
7   7.1  7.2   7.3  7.4  7.5
8   8.1  8.2   8.3  8.4  8.5
9   9.1  9.2   9.3  9.4  9.5
10 10.1 10.2  10.3 10.4 10.5
>
> |
```

:: 그림 27. 'x'에 할당된 data.csv

RStudio® 오른쪽 상단의 Environment 탭에 객체 'x'에 저장된 값의 정보가 표시된다. 객체 x에는 5개 변수(variables)에 10개 관측치(obs.)가 각각 저장되었다. 관측치는 행(가로축 데이터)을, 변수는 열(세로축 데이터)을 가리킨다. 이름으로 채워진 첫번째 열은 'header=TRUE'로 지정하였기 때문에 데이터 관측치로 인식되지 않는다.

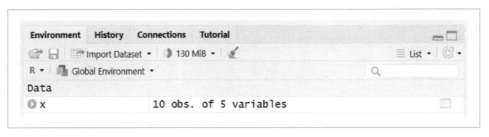

:: 그림 28. Environment 창의 'x' 정보

'x'는 데이터프레임 클래스의 속성을 가진 객체 안의 '임시저장값[14](read-in)'

---

14) R의 작업공간에 현재 작업을 위해 임시로 저장된 값으로 작업을 종료하면 이 값은 메모리에서 사라진다.

이다. 이 정보는 'class' 명령어를 통해 확인이 가능하다.

```
> class(x)
[1] "data.frame"
>
```

5개의 변수에 각각 10개의 열을 가진 데이터프레임 파일은 총 50개의 값을 가지고 있다.

데이터프레임 내 헤더(header) 행이 FALSE로 지정된 경우(header=FALSE), 각 변수는 V1, V2에서 V5까지 기본값(default) 이름이 붙여진다. 'header=TRUE'로 지정되면 첫번째 행이 변수이름으로 읽힌다. 각 변수와 변수의 값은 다양한 방법으로 접근이 가능하다.

변수는 '$' 기호로 불러올 수 있다. 예로, 변수 'TWO'는 'x$TWO'로 불러올 수 있다. 프롬프트에 데이터프레임 이름 'x' 뒤에 '$'을 입력하면 객체 'x'에서 선택할 수 있는 모든 변수를 자동으로 보여준다.

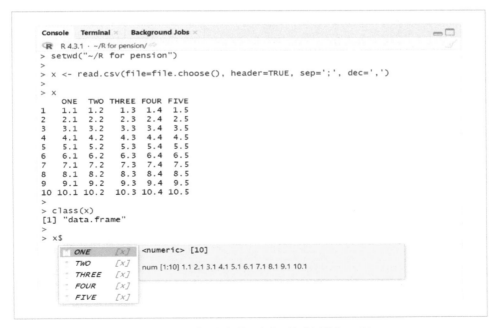

:: 그림 29. $ 입력 후 선택 가능한 변수 표시

```
> x$TWO
[1] 1.2 2.2 3.2 4.2 5.2 6.2 7.2 8.2 9.2 10.2
>
```

데이터프레임의 값의 위치를 나타내는 대괄호 '[.,.]'를 사용하면 특정 값을 불러올 수 있다. 예를 들어, 헤더 행을 제외하고 행에서 12번째 원소인 3,2는 3번째 행과 2번째 열의 위치 정보인 'x[3,2]'로 불러낼 수 있다.

```
>
> class(x)
[1] "data.frame"
>
> x$TWO
 [1]  1.2  2.2  3.2  4.2  5.2  6.2  7.2  8.2  9.2 10.2
>
> x[,]
    ONE  TWO THREE FOUR FIVE
1   1.1  1.2   1.3  1.4  1.5
2   2.1  2.2   2.3  2.4  2.5
3   3.1  3.2   3.3  3.4  3.5
4   4.1  4.2   4.3  4.4  4.5
5   5.1  5.2   5.3  5.4  5.5
6   6.1  6.2   6.3  6.4  5.6
7   7.1  7.2   7.3  7.4  5.7
8   8.1  8.2   8.3  8.4  5.8
9   9.1  9.2   9.3  9.4  5.9
10 10.1 10.2  10.3 10.4  5.1
>
> x[2,]
  ONE TWO THREE FOUR FIVE
2 2.1 2.2   2.3  2.4  2.5
>
> x[,2]
 [1]  1.2  2.2  3.2  4.2  5.2  6.2  7.2  8.2  9.2 10.2
>
```

그림 30. 데이터프레임 내 특정 값 불러오기

대괄호의 행 위치를 비워 실행하면 모든 변수를 불러낼 수 있다. 마찬가지로 대괄호의 열 위치를 비워 실행하면 모든 행도 불러낼 수 있다. 대괄호의 행과 열 모두 비워 실행하면 [그림 30]처럼 데이터프레임 전체를 불러낸다. 이는 행렬 유형의 데이터를 다루는데 빈번하게 사용된다.

  사이즈가 큰 데이터프레임을 처리하는 경우 이제 소개할 데이터 내용을 확인하는 명령어들이 유용하다.

  'dim' 명령어는 데이터프레임의 차원(dimensions) 정보를 제공한다.

```
dim(x)
```

  'head' 명령어는 데이터의 첫 6줄(첫 6개의 행)을 출력한다.

```
head(x)
```

  'tail' 명령어는 데이터의 마지막 6줄(마지막 6개의 행)을 출력한다.

```
tail(x)
```

```
Console   Terminal ×   Background Jobs ×
R   R 4.3.1 · ~/R for pension/
>
> dim(x)
[1] 10  5
>
> head(x)
  ONE TWO THREE FOUR FIVE
1 1.1 1.2   1.3  1.4  1.5
2 2.1 2.2   2.3  2.4  2.5
3 3.1 3.2   3.3  3.4  3.5
4 4.1 4.2   4.3  4.4  4.5
5 5.1 5.2   5.3  5.4  5.5
6 6.1 6.2   6.3  6.4  5.6
>
> tail(x)
    ONE  TWO THREE FOUR FIVE
5   5.1  5.2   5.3  5.4  5.5
6   6.1  6.2   6.3  6.4  5.6
7   7.1  7.2   7.3  7.4  5.7
8   8.1  8.2   8.3  8.4  5.8
9   9.1  9.2   9.3  9.4  5.9
10 10.1 10.2  10.3 10.4  5.1
>
```

❖ 그림 31. 객체 'x'의 dim, head, tail 정보

  'summary' 명령어는 데이터의 기본 통계정보를 출력한다.

```
summary(x)
```

```
>
> summary(x)
      ONE             TWO             THREE           FOUR            FIVE
 Min.   : 1.10   Min.   : 1.20   Min.   : 1.30   Min.   : 1.40   Min.   : 1.50
 1st Qu.: 3.35   1st Qu.: 3.45   1st Qu.: 3.55   1st Qu.: 3.65   1st Qu.: 3.75
 Median : 5.60   Median : 5.70   Median : 5.80   Median : 5.90   Median : 6.00
 Mean   : 5.60   Mean   : 5.70   Mean   : 5.80   Mean   : 5.90   Mean   : 6.00
 3rd Qu.: 7.85   3rd Qu.: 7.95   3rd Qu.: 8.05   3rd Qu.: 8.15   3rd Qu.: 8.25
 Max.   :10.10   Max.   :10.20   Max.   :10.30   Max.   :10.40   Max.   :10.50
>
```

그림 32. 객체 'x'의 기본 통계정보

음수 기호(-)와 소괄호를 사용하면 객체로부터 특정 데이터를 제외하여 출력할 수 있다. 예를 들어, 다음 명령어는 2~3번째 행과 열을 반환 값에서 제외한다.

```
x[-(2:3), -(2:3)]
```

```
Console    Terminal ×    Background Jobs ×                              ─ □
 R  R 4.3.1 · ~/R for pension/
>
> x
    ONE   TWO THREE FOUR FIVE
1   1.1   1.2   1.3  1.4  1.5
2   2.1   2.2   2.3  2.4  2.5
3   3.1   3.2   3.3  3.4  3.5
4   4.1   4.2   4.3  4.4  4.5
5   5.1   5.2   5.3  5.4  5.5
6   6.1   6.2   6.3  6.4  5.6
7   7.1   7.2   7.3  7.4  5.7
8   8.1   8.2   8.3  8.4  5.8
9   9.1   9.2   9.3  9.4  5.9
10 10.1  10.2  10.3 10.4  5.1
>
> x[-(2:3),-(2:3)]
    ONE FOUR FIVE
1   1.1  1.4  1.5
4   4.1  4.4  4.5
5   5.1  5.4  5.5
6   6.1  6.4  5.6
7   7.1  7.4  5.7
8   8.1  8.4  5.8
9   9.1  9.4  5.9
10 10.1 10.4  5.1
>
```

그림 33. 객체 'x'에서 특정 데이터 제외 방법

## 2. 변수이름

R은 대문자와 소문자를 구분하여 변수이름을 인식한다. 따라서 변수이름에 대문자와 소문자를 바꿔가며 사용하면 오류가 발생할 수 있다. 변수이름을 지정할 때 소문자만 사용하면 에러 메시지를 줄일 수 있다.

```
names(x) <- tolower(names(x))
```

:: 그림 34. 'tolower' 명령문 실행결과

마지막으로 'read.csv' 명령어는 데이터를 데이터프레임 형식으로 읽는다. 데이터프레임은 변수(열)의 집합에 관측치(행)를 가지고 있지만, 각 값의 데이터 유형은 다를 수 있다. 간단한 통계분석에서는 일반적으로 같은 데이터 유형을 가진 행렬을 사용한다.

데이터프레임에서 각 열은 다른 유형의 데이터를 가질 수 있지만, 행렬에서는 모든 원소가 같은 유형이며 보통 숫자형이다.

필요할 경우 R은 'as.matrix' 명령문으로 데이터프레임을 강제로 행렬로 인식할 수 있다. 또한 'as.vector' 명령문은 행렬의 단일 행/열을 강제로 벡터로 인식할 수 있다.

```
m <- as.matrix(x)
```

```
Console    Terminal ×    Background Jobs ×                    ▢
 R  R 4.3.1 · ~/R for pension/

> m <- as.matrix(x)
>
> m
       one  two three four five
 [1,]  1.1  1.2   1.3  1.4  1.5
 [2,]  2.1  2.2   2.3  2.4  2.5
 [3,]  3.1  3.2   3.3  3.4  3.5
 [4,]  4.1  4.2   4.3  4.4  4.5
 [5,]  5.1  5.2   5.3  5.4  5.5
 [6,]  6.1  6.2   6.3  6.4  5.6
 [7,]  7.1  7.2   7.3  7.4  5.7
 [8,]  8.1  8.2   8.3  8.4  5.8
 [9,]  9.1  9.2   9.3  9.4  5.9
[10,] 10.1 10.2  10.3 10.4  5.1
>
> class(m)
[1] "matrix" "array"
>
```

:: 그림 35. 'as.matrix' 명령문 실행결과

## 3. R에서 엑셀 데이터 읽기

R에서는 .xls 이나 .xslx 파일을 직접 읽을 수 있고, 파일 내 특정 시트, 그리고 셀의 특정 범위에 있는 데이터를 불러오는 것도 가능하다. 이 기능은 'readxl' 패키지에서 사용할 수 있다.

패키지의 설치는 명령어를 실행하거나 오른쪽 하단 창의 Packages 탭에서 패키지를 찾아 실행하면 된다.

Packages 탭을 선택하고, 창의 왼쪽 상단에 있는 'Install' 단추를 클릭하고, 검색창에서 'readxl'를 검색하여 설치하자.

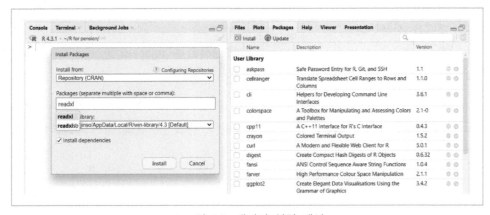

:: 그림 36. 패키지 설치 예시

'install.package' 명령어를 실행하여 패키지를 설치할 수도 있다.

```
install.packages("readxl")
```

설치가 완료되면, 'library' 명령어를 사용하여 패키지를 작업공간에 불러들이자.

```
library(readxl)
```

이제 R에서 'readxl' 패키지의 모든 기능을 사용할 수 있다.

작업 디렉토리에 'Sheet1'과 'data' 2개의 시트를 가진 'data.xlsx' 파일이 저장되어 있다고 해보자. 'data' 시트에는 10개의 행에 각각 5개의 숫자가 있으며, 2번째 행에는 1.1에서 1.5까지 그리고 마지막 11번째 행에는 10.1부터 10.5까지 숫자가 있다. 1번째 행은 헤더로 ONE부터 FIVE까지 열의 이름이 있다. 엑셀에서 'data' 시트의 모습은 다음과 같다.

:: 그림 37. 'data.xlsx' 파일

다음 명령어로 두번째 시트 'data'에 있는 데이터를 읽어보자. 파일 경로에 대해서는 이전 정보를 그대로 사용하자.

```
x=read_excel(path = "data.xlsx", sheet = "data", col_names = TRUE)
```

R에서 이 데이터를 읽으면, 객체 'x'에 [그림 37]에 표시된 값을 담게 되며 이는 Console에 표시된다.

```
Console   Terminal   Background Jobs
  R  R 4.3.1 · ~/R for pension/
>
> x=read_excel(path = "data.xlsx", sheet="data", col_names = TRUE)
> x
# A tibble: 10 × 5
      ONE    TWO THREE  FOUR  FIVE
    <dbl>  <dbl> <dbl> <dbl> <dbl>
 1   1.1    1.2   1.3   1.4   1.5
 2   2.1    2.2   2.3   2.4   2.5
 3   3.1    3.2   3.3   3.4   3.5
 4   4.1    4.2   4.3   4.4   4.5
 5   5.1    5.2   5.3   5.4   5.5
 6   6.1    6.2   6.3   6.4   6.5
 7   7.1    7.2   7.3   7.4   7.5
 8   8.1    8.2   8.3   8.4   8.5
 9   9.1    9.2   9.3   9.4   9.5
10  10.1   10.2  10.3  10.4  10.5
> class(x)
[1] "tbl_df"     "tbl"          "data.frame"
>
```

:: 그림 38. 'readxl'로 특정 시트의 정보 불러오기

RStudio®의 오른쪽 상단 Environment 창에는 객체 'x'에 5개의 변수에 각각 10개의 관측치가 있다는 정보를 표시한다. 관측치는 각 행의 데이터를 의미하며, 변수는 각 열을 의미한다. 변수이름이 있는 첫번째 행은 관측치로 인식되지 않는다.

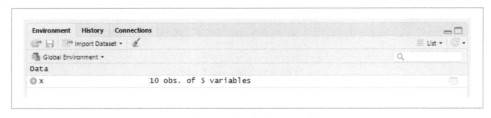

:: 그림 39. Environment 창에 표시된 'x'의 정보

R에서 이 데이터는 티블(tibble)로 인식되기도 한다. 티블은 데이터프레임을 좀 더 편리하게 사용할 수 있도록 새로운 기능이 추가된 최신 데이터 형태이지만 기존 데이터프레임과 근본적인 차이는 없다.

따라서 'x'는 tibble(또는 데이터프레임)이라는 클래스를 가진 객체 내의 임시저장값(read in)이다. 그리고 유형은 class 명령어로 확인이 가능하다.

```
> class(x)
[1] "tbl_df"      "tbl"          "data.frame"
>
```

5개의 변수에 각각 10개의 행이 있는 데이터프레임은 각 변수에 10개의 값이 있으며 따라서 총 50개의 값을 사용 가능하다.

상황에 따라 'as.vector' 명령문을 사용하여 데이터를 벡터로 변환할 수 있다.

```
> x = as.vector(x)
[1] 1.1 1.2 1.3 1.4 2.1 2.2 2.3 2.4 2.5 3.1 ⋯ 5.2 5.3 5.4 5.5
[26] 6.1 6.2 6.3 6.4 6.5 7.1 7.2 7.3 7.4 7.5 8.1 ⋯ 10.3 10.4 10.5
>
```

마지막으로 엑셀 시트의 특정범위의 값을 지정하여 데이터를 읽는 것도 가능하다. 이는 'range'라는 옵션으로 실행이 가능하다.

```
x = read_excel(path = "data.xlsx", sheet = "data", range = "B5:D8",
col_names = FALSE)
```

위 명령어로 'data' 시트의 B5:D8 범위에 있는 셀의 값을 읽을 수 있다. R은 효율적 작업을 위해 변수에 이름을 자동으로 할당한다(col_names=FALSE).

```
Console    Terminal ×    Background Jobs ×                        ─ ❐
 R  R 4.3.1 · ~/R for pension/ 
>
> x=read_excel(path = "data.xlsx",sheet="data", range = "B5:D8", col_names = FA
LSE )
New names:
• `` -> `...1`
• `` -> `...2`
• `` -> `...3`
> x
# A tibble: 4 × 3
   ...1  ...2  ...3
  <dbl> <dbl> <dbl>
1   4.2   4.3   4.4
2   5.2   5.3   5.4
3   6.2   6.3   6.4
4   7.2   7.3   7.4
>
```

:: 그림 40. 특정 범위(range)의 데이터 읽기

## 4. 데이터 전처리, 병합, 추가

데이터 전처리(data cleaning)와 데이터 랭글링(wrangling[15])과 같은 데이터 작업은 통계학자, 특히 데이터과학자(data scientist) 간의 주요 논쟁거리이다. 어떤 이는 데이터 전처리의 범위를 형식과 모양, 그리고 배치로 엄격하게 제한하여야 한다고 주장하며, 다른 이들은 엄청난 양의 데이터를 분석에 사용하거나 결과에 유리한 데이터만 선택적으로 필터링하는 방법을 둘러싸고 논쟁하기도 한다.

다만 기억할 것은 정도가 지나친 데이터 전처리는 개별 데이터가 가진 고유의 가치를 훼손할 수 있다는 점이다.

그럼에도 불구하고 오늘날 양질의 데이터를 정의하는데 전문가 간에 동의하는 몇 가지 특징이 있다.

첫째, 데이터가 정확하다. 데이터가 주제와 관련이 있고 의미가 있다.

둘째, 데이터가 완전하다. 극단적인 값이나 결측 값이 없다. 있다 하더라도 허용수준 이내이다.

셋째, 데이터에 일관성이 있다. 데이터 간에 구조와 내용에 일관성이 있다. 하지만 변수 간에는 예외를 둘 수 있다.

---

15) 다양한 소스의 데이터를 통합하고 쉽게 액세스하고 분석할 수 있도록 데이터를 정리하는 작업

양질의 데이터에 대한 정의는 R의 데이터프레임, 또는 최신 형태인 'tibble'이 갖추어야 하는 데이터 구조도 설명한다. 'tidyverse' 홈페이지[16]에는 기본적인 데이터 디자인의 철학, 문법, 그리고 데이터 구조 간에 어떻게 조화를 이루어야 하는지에 대한 일반적인 소개가 있다.

---

16) https://www.tidyverse.org/

# R 시각화

## 1. 그래프를 그리는 방법

R에서는 다양한 방법으로 데이터를 시각화 하거나 그래프를 생성할 수 있다. 'plotly', 'ggplot2', 'lattice', 'leaflet', 'RGL' 등 시각화에 전문화된 R패키지를 사용하면 기대이상의 시각화 기능을 구현할 수 있다. 오늘날 R 시각화 패키지는 히트맵(heatmaps), 정밀지리지도, 상호작용3D그래프뿐만 아니라 상상할 수 있는 어떠한 유형의 그래프도 만들어 낼 수 있다.

물론 모든 시각화 패키지를 잘 다루면 좋겠지만, 여기에서는 이 책의 목적과 범위에 따라 다루기 쉽고 충분히 매력적인 시각화 기능을 갖춘 'plot' 함수를 사용한다.

'plot' 함수의 세부적인 정보는 RStudio®의 도움말에서 찾을 수 있다. 오른쪽 하단 창의 'Help' 탭에서 'plot'을 검색할 수 있다.

'plot' 명령어의 기본구조는 다음과 같다.

```
plot(x, y, type = '.', main = "…", col = "…", ..)
```

'x'와 'y'는 그래프에 그릴 점들의 좌표이다. 'x'는 'y'가 필요하지 않은[17] 행렬 데이터일 수도 있다.

그래프 사양을 정교하게 정의하기 위해 많은 인수를 소괄호 '( )' 안에 넣을 수 있다.

그중 중요한 인수는 다음과 같다.

type='.': 그래프의 유형을 지정한다. 'p'는 점, 'l'는 선, 'b'는 점과 선으로 그래프를 그리며, 그 외에도 많은 그래프의 유형이 있다.

---

17) 행렬 'x' 내에 정렬순서 같은 이미 'y'를 대체할 수 있는 값이 존재하기 때문이다.

main = "…": 그래프의 전체제목을 지정한다.

sub = "…": 그래프의 부제를 지정한다.

xlab = "…", ylab = "…": x축과 y축의 이름을 지정한다.

cex = value, cex.axis, cex.main, cex.lab: 문자나 기호의 크기를 지정하는 옵션인데, 'cex'는 전체 문자의 크기, 'cex.axis'는 좌표 눈금의 문자 크기, 'cex.main'은 제목의 글자 크기, 'cex.lab'은 축 제목의 문자 크기를 조정한다. 지정하지 않은 경우 기본값(1)으로 지정된다.

col = "…", col.axis, col.main, col.lab: 'col'은 기호, 선, 문자 등을 모두 동일한 색으로 지정하며, 'col.axis'는 축의 색, 'col.main'은 제목의 색, 'col.lab'은 x축과 y축의 라벨 색을 지정하는 옵션이다. 이들의 기본값은 검정(black)이다.

색의 값은 색상의 이름과 동일한 문자열(character string)로 지정할 수 있다. 예로 파란색의 경우 'blue'를 입력하면 된다.

또한 색의 값은 RGB방식으로 지정이 가능하다. RR, GG, BB는 00에서 FF까지의 범위 안에서 두 자리 숫자로 구성되어 '#RRGGBB'의 형식으로 색을 나타내는 문자열이다.

font = "…", font.axis, font.main, font.lab: 이 옵션은 글자의 스타일을 정의한다. 기본값은 1로 일반 텍스트이며, 2는 굵게, 3은 기울임꼴에 해당한다. 'font'는 전체 글자의 스타일, 'font.axis'는 축의 글자 스타일, 'font.main'은 제목의 글자 스타일, 'font.lab'은 x축과 y축의 라벨 글자 스타일을 지정하는 옵션이다.

'lty = value'는 선의 유형을 지정한다. 1은 기본값으로 실선(sold)이며, 2는 파선(dashed line), 3은 점선(dotted), 4는 점선+파선(dotdash), 5는 긴 파선(longdash), 6은 두 개의 파선(twodash)으로 지정한다. 숫자대신 문자열[18]로 정의할 수 있다.

'lwd = value' 옵션은 1이 기본값이며, 선의 폭을 지정할 수 있다.

'pch = value' 옵션은 그래프에서 사용할 점의 모양을 지정한다.

---

18) blank, solid, dashed, dotted, dotdash, longdash, twodash

legend="…"는 범례의 벡터(위치)를 지정한다. 범례의 위치는 오른쪽 하단 'bottomright', 아래쪽 'bottom', 왼쪽 하단 'bottomleft', 왼쪽 'left', 왼쪽 상단 'topleft', 상단 'top', 오른쪽 상단 'topright', 오른쪽 'right', 중앙 'center' 등으로 지정이 가능하다.

## 2. 한 화면에 여러 개의 그래프 넣기

때로는 한정된 지면에 여러 개의 그래프를 그려야 할 경우가 생긴다.

한 화면에 다수의 그래프를 그릴 경우 'par', 'mfcol', 'mfrow' 등의 명령어를 통해 지정이 가능하다.

```
par(mfrow=c(행의 수, 열의 수))
```

'mfcol=c(.,.)' 또는 'mfrow=c(.,.)'는 c(nr, nc), 즉 길이가 2인 벡터 값으로 그래프의 수와 영역을 지정한다. c(nr, nc)에서 nr은 그래프 영역에서 행의 개수(number of rows), nc는 열의 개수(number of columns)를 의미한다. 'mfcol'과 'mfrow'으로 지정한 nr과 nc의 정보로 한 화면에 다수의 그래프를 그릴 수 있다. 'mfcol'은 열을 우선으로 배치하고, 'mfrow'는 행을 우선으로 배치한다. 요청된 배열에 따라 그래프의 크기는 자동으로 변경된다.

좀더 복잡한 레이아웃의 그래프는 layout 함수로 그릴 수 있다.

## 3. 시각화 예시

```
## 그래프 그리기 예시 ##
# 1. 변수 x, y, z를 생성하고 값을 할당한다.
x <- 0:6
y <- x*2
z <- x*y/2

# 2. 첫번째 선을 그린다.
plot(x, y, type = "l", main = "그래프 그리기 예시",
     xlab = "x-axis", ylab = "y-axis",
```

```
            col = "black", lty = 5, lwd = 1)

# 3. 두번째 곡선을 그린다.
lines(x, z, pch = 12, col = "grey", type = "b", lty = 1, lwd = 3)

# 4. 범례를 추가하고, lty옵션으로 범례를 지정한다.
legend("bottomright", legend = c("검정색 파선", "회색 굵은선"),
       col = c("black", "grey"), lty = c(5, 1), lwd = c(1, 3), cex = 1.5)
```

위의 코드는 다음 결과를 출력한다.

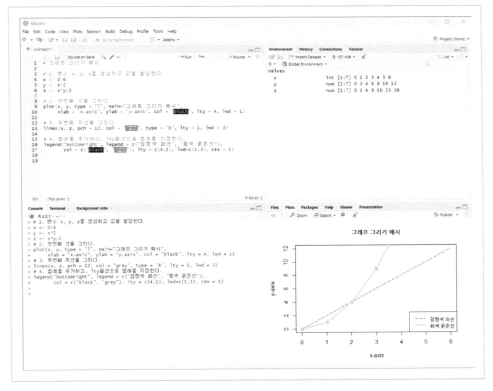

:: 그림 41. 간단한 그래프 그리기 예시

오른쪽 하단 창에 그래프가 나타난다. 이 창의 export 탭으로 jpeg, tiff, svg, pdf 형식으로 그래프를 저장할 수 있다. 또한 그래프의 폭과 높이도 지정할 수 있다.

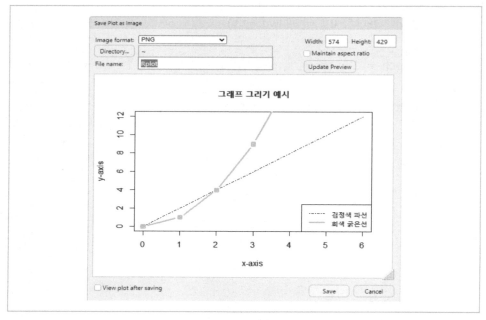

:: 그림 42. 다양한 형식으로 그래프를 저장하는 방법

이제 세 개의 그래프를 한 화면에 나타내 보자. 첫번째 행에 두 개의 그래프를 나란히 그리고 두번째 행에 세번째 그래프를 그려보자.

코드는 다음과 같이 재배열 될 수 있다.

```
## 한 화면에 여러 개의 그래프 그리기##

# 1. 변수 x, y, z를 생성하고 값을 할당한다.
x <- 0:6
y <- x*2
z <- x*y/2

# 2. 그래프 배열을 지정한다.
par(mfrow = c(2, 2))

# 3. 첫번째 선 그래프를 그린다.
plot(x, y, type = "l", main = "선 그래프",
        xlab = "x-axis", ylab = "y-axis",
        col = "black", lty = 5, lwd = 1)
legend("bottomright", legend = "검정색 파선",
        col = "black", lty = 5, lwd = 1, cex = 0.8)
```

```
# 4. 두번째 곡선 그래프를 그린다.
plot(x, z, type = "b", main = "곡선 그래프",
      xlab = "x-axis", ylab = "y-axis",
      pch=12, col = "grey", lty = 1, lwd = 3)
legend("bottomright", legend = "회색 굵은선",
        col = "grey", lty = 1, lwd = 3, cex = 0.8)

# 5. 마지막으로 선과 곡선을 함께 그래프를 그린다.
plot(x, y, type = "l", main="선과 곡선 그래프",
      xlab = "x-axis", ylab = "y-axis",
      col = "black", lty = 5, lwd = 1)
lines(x, z, pch = 12, col = "grey",
       type = "b", lty = 1, lwd = 3)
legend("bottomright", legend = c("검정색 파선", "회색 굵은선"),
        col = c("black", "grey"), lty = c(5, 1),
        lwd = c(1, 3), cex = 0.8)
```

위의 코드는 다음 결과를 출력한다.

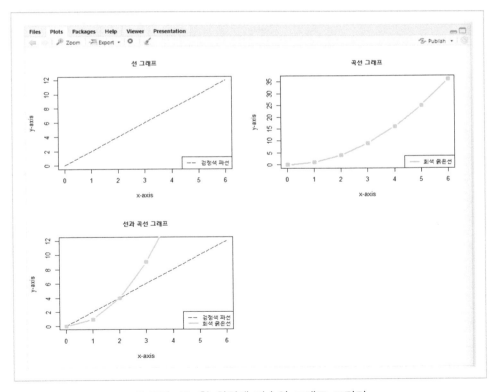

:⁚ 그림 43. 한 화면에 다수의 그래프 그리기

# 연금계리
# R 프로그래밍

# 제1장

# 생명표를 읽고 시각화하기

1장에서는 연금계리에서 가장 기본이 되는 생명표(life table)에 대해 알아보자. 연금의 종류는 크게 부과방식(pay-as-you-go system)과 적립방식(funded system)으로 나눌 수 있다. 부과방식은 은퇴자에게 지급되는 연금급여에 필요한 재원을 현재의 연금가입자(또는 근로자)가 납입하는 연금보험료로 충당하는 방식이다. 독일을 비롯하여 여러 선진국의 공적연금은 부과방식으로 연금이 운영되고 있다. 반면 적립방식은 가입자가 낸 연금보험료 또는 사회보장세로 적립한 연기금을 운용하여 그 수익으로 연금급여를 지급하는 방식이다. 우리나라의 퇴직연금 제도의 경우 적립방식에 속한다. 우리나라의 국민연금은 후세대의 부담금을 담보로 연금액의 일부만 적립하는 부분적립방식으로 볼 수 있다.

적립방식에서는 생명표 또는 사망률(mortality)을 측정하는 방식이 연금계리의 결과에 큰 영향을 끼친다. 특히 생명표는 연금계리의 두 기둥인 단위연금(unit pension)의 가격과 생존을 조건으로 연속하여 지급하는 연금급여(life contingent payments)의 실질가치를 계산하는데 반드시 필요하다.

연금계리를 구성하는 연금수리학에 대해 자세히 알기 원한다면 시중의 연금수리학 서적을 참고하거나, 이 책과 함께 집필된 '비즈니스 연금수리학', 영문 제목은 'Actuarial Mathematics for Pensions — Basics and Concepts applied to Business' (저자 Ed. Wolters Kluwer, Beckers)를 참고하기 바란다. 여러분이 읽고 있는 책은 '비즈니스 연금수리학'의 내용 중 R프로그래밍 응용부분을 집중적으로 다루었다.

## (1) 사망률 원시데이터[19](raw mortality data)

사망률은 기본적으로 대상집단 내의 사망자수를 집계하여 측정한다. 사망자수 집계는 주로 통계를 관할하는 정부기관에서 수행하며, 이때 사망의 원인과 관련 정보도 같이 수집한다.

대한민국을 포함하여 전세계 주요국가의 사망률 원시데이터는 '사망률 데이터베이스(Human Mortality Database; HMD)'의 사이트에서 무료로 다운로드 받을 수 있다. 이 책은 HMD가 제공하는 대한민국 인구 및 사망자수 원시데이터를 사용한다.

Human Mortality Database: https://www.mortality.org/

:: 그림 44. HMD 홈페이지

HMD가 제공하는 우리나라 원시데이터의 출처는 우리나라 통계청이다. 인구 및 사망자수 데이터는 각각 국가통계포털 KOSIS(Korean Statistical Information Service)와 마이크로데이터 통합서비스 MDIS(MicroData Integrated Service)에서 제공하고 있다. 이들은 통계청에서 운영하는 통계 포털사이트로 국가승인통계를 한 곳에서 검색 및 활용할 수 있도록 서비스하고 있다. KOSIS는 법적기준에 따라 가공 및 집계된 자료를 제공하는 한편, MDIS는 데이터 가공의 기초자료로 사용되는 원시데이터를 제공하고 있다.

---

19) 통계조사 자료에서 최초로 전산화한 자료로서 보정하기 전 단계의 데이터를 지칭한다.

KOSIS: https://kosis.kr

MDIS: https://mdis.kostat.go.kr

사망률의 원시데이터는 다음과 같이 표시된다.

· $Rl_x$: 특정 일자에 집계된 $x$세의 생존자수
· $Rd_x$: $x$세(포함)와 $x+1$세(미포함) 사이에서 집계된 사망자수

원시사망률계수 $RM_x$는 순빈도함수(pure frequency function)로 다음과 같이 정의될 수 있다.

<F.1.1.> $\qquad RM_x = Rd_x / Rl_x$

$RM_x$는 관측기간 동안 $x$세의 생존자가 1년안에 사망할 확률의 통계적 근사치로 볼 수 있다. 일반적으로 1년 내 사망확률은 $q_x$로 표시된다.

따라서,

<F.1.2.> $\qquad q_x \approx RM_x$

하지만 원시사망률계수($RM_x$)를 그대로 연금계리에 적용하는 데는 어려움이 따른다. 그 이유는 사망률계수가 시간지평(time horizon)에 따라 불규칙한 패턴을 보이기 때문이다. 이는 나이가 들수록 사망률이 증가한다는 직관에 반하며 결과적으로 연금계리 요소(보험료, 부담금 및 연금급여)의 계산 왜곡으로 이어진다.

이러한 경향을 $R$에서 그래프로 확인해보자.

먼저, 대한민국 사망률 원시데이터를 하단의 링크에서 다운로드 받는다. 여기서 한가지 주의할 점은 HMD에서 데이터를 다운로드 받으려면 HMD 홈페이지에 가입 및 로그인 상태여야 한다.

https://mortality.org/File/Download/hmd.v6/zip/by_country/KOR.zip

:: 그림 45. HMD 대한민국 페이지

　다운로드 받은 파일의 압축을 풀면 'KOR' 폴더가 있으며, 폴더 안에 다시 4개의 하위 폴더를 확인할 수 있다. 그중에서 'STATS' 폴더 안에 대한민국 1세별 인구수(Population)와 사망자수(Deaths_1x1) 파일이 위치하고 있다. 원시사망률 데이터를 시각화하기 위해서는 두 파일을 합치는 간단한 작업이 필요하다.

| 이름 | | 상태 | 수정한 날짜 | 유형 | 크기 |
|---|---|---|---|---|---|
| 📁 DOCS | ^ | ⊘ | 2023-05-29 오후 12:54 | 파일 폴더 | |
| 📁 InputDB | | ⊘ | 2023-05-29 오후 12:54 | 파일 폴더 | |
| 📁 LexisDB | | ⊘ | 2023-05-29 오후 12:54 | 파일 폴더 | |
| 📁 STATS | | ⊘ | 2023-05-29 오후 12:54 | 파일 폴더 | |

:: 그림 46. 'KOR' 폴더

　엑셀 애플리케이션을 열고 메뉴에서 [파일]−[열기]로 들어가서 'STATS' 폴더를 열자. 그리고 표시되는 창에서 오른쪽 하단의 드롭다운 리스트 중 '모든 파일'을 선택한다. 폴더 안에 숨겨졌던 텍스트 문서가 표시될 것이다. 'Population' 파일을 열고, '텍스트 마법사' 팝업창이 열리면 원본데이터 형식에서 '너비가 일정함'을 선택하고 '마침'을 선택한다.

| | A | B | C | D | E | F | G | H |
|---|---|---|---|---|---|---|---|---|
| 1 | Republic | of Korea, I size (abrid | ed)Last m | 20 Jul 2022; | Methods Protocol: v6 (2017) | | | |
| 2 | | | | | | | | |
| 3 | Year | Age | Female | Male | Total | | | |
| 4 | 2003 | 0 | 224081 | 246170 | 470251 | | | |
| 5 | 2003 | 1 | 267031 | 290565 | 557596 | | | |
| 6 | 2003 | 2 | 304281 | 334278 | 638559 | | | |
| 7 | 2003 | 3 | 295960 | 323784 | 619744 | | | |
| 8 | 2003 | 4 | 305160 | 335734 | 640894 | | | |
| 9 | 2003 | 5 | 323801 | 349957 | 673758 | | | |
| 10 | 2003 | 6 | 325687 | 362817 | 688504 | | | |
| 11 | 2003 | 7 | 334102 | 377495 | 711597 | | | |
| 12 | 2003 | 8 | 334032 | 383360 | 717392 | | | |
| 13 | 2003 | 9 | 332042 | 381688 | 713730 | | | |
| 14 | 2003 | 10 | 341806 | 386276 | 728082 | | | |
| 15 | 2003 | 11 | 333220 | 372069 | 705289 | | | |
| 16 | 2003 | 12 | 298059 | 343777 | 641836 | | | |

Population +

그림 47. 'Population' 파일

'Population' 파일은 2003년부터 2021년까지 우리나라 연령별(1세) 인구정보를 담고 있다(2023년 8월 기준). 2020년 정보만 남겨두고[20] 나머지는 삭제한다. 그리고 불필요한 1행과 2행 및 1열도 삭제하자. 그리고 110세 이상(110+)의 정보도 삭제하도록 하자.

이번에는 사망자수 데이터를 불러올 것이다. 엑셀 애플리케이션에서 [파일]-[열기]로 들어가서 'STATS' 폴더를 열자. 오른쪽 하단의 드롭다운 리스트에서 '모든 파일'을 선택하고, 'Deaths_1x1' 파일을 선택한다. '텍스트 마법사' 팝업창이 열리면 원본데이터 형식에서 '너비가 일정함'을 선택하고 '마침을 선택한다.

20) 2020년을 선택한 이유는 생명표 작성에 필요한 모든 데이터의 공통적인 최신 데이터가 2020년이기 때문이다(2023년 8월 기준).

|   | A | B | C | D | E | F | G | H |
|---|---|---|---|---|---|---|---|---|
| 1 | Republic | of Korea, I | (period 1x | Last modif | 20 Jul 2022; | Methods | Protocol: v6 (2017) | |
| 2 | | | | | | | | |
| 3 | Year | Age | Female | Male | Total | | | |
| 4 | 2003 | 0 | 1075.17 | 1453.06 | 2528.23 | | | |
| 5 | 2003 | 1 | 119.02 | 114 | 233.02 | | | |
| 6 | 2003 | 2 | 84.01 | 129 | 213.01 | | | |
| 7 | 2003 | 3 | 86.01 | 102 | 188.01 | | | |
| 8 | 2003 | 4 | 78.01 | 114.01 | 192.02 | | | |
| 9 | 2003 | 5 | 53.01 | 89 | 142.01 | | | |
| 10 | 2003 | 6 | 72.01 | 92 | 164.01 | | | |
| 11 | 2003 | 7 | 53.01 | 94.01 | 147.02 | | | |
| 12 | 2003 | 8 | 40.01 | 68 | 108.01 | | | |
| 13 | 2003 | 9 | 46.01 | 66 | 112.01 | | | |
| 14 | 2003 | 10 | 44.01 | 69 | 113.01 | | | |
| 15 | 2003 | 11 | 40.01 | 70 | 110.01 | | | |
| 16 | 2003 | 12 | 38 | 53 | 91 | | | |

Deaths_1x1 +

그림 48. 'Deaths_1x1' 파일

'Deaths_1x1' 파일은 2003년부터 2020년까지 연령별(1세) 우리나라 사망자수 정보를 담고 있다(2023년 8월 기준). 이 중 2020년 사망자수 정보만 복사하여 'Population' 파일에 붙여넣기 한다. 마찬가지로 110세 이상(110+)의 정보는 삭제하도록 하자.

변수이름 중 'Age'는 'x'로 변경하고, 인구수의 경우 여성(Female), 남성(Male), 전체(Total)를 각각 'Rlx_female', 'Rlx_male', 'Rlx_total'로, 사망자수의 경우 각각 'Rdx_female', 'Rdx_male', 'Rdx_total'로 변경한다. 시트의 이름은 '2020_mortality'로 변경하고, 파일은 'mortality.xls'로 저장한다.

정리된 파일에는 원시사망률 계산에 필요한 두가지 데이터가 있다. 첫번째는 2020년 우리나라 여성, 남성, 전체의 연령별(1세) 원시인구수($Rl_x$)이며, 두번째는 2020년 우리나라 여성, 남성, 전체의 연령별(1세) 원시사망자수($Rd_x$)이다. 원시사망자수에서 원시인구수를 연령별로 나누면 원시사망률계수($RM_x$)를 계산할 수 있다. 여성, 남성, 전체의 데이터로 연령별로 원시사망률계수를 계산하고, 헤더 행에 변수이름을 'RMx_female', 'RMx_male', 'RMx_total'로 채워 넣자.

| | A | B | C | D | E | F | G | H | I | J |
|---|---|---|---|---|---|---|---|---|---|---|
| 1 | x | Rlx_fema | Rlx_male | Rlx_tota | Rdx_fema | Rdx_male | Rdx_tota | RMx_fema | RMx_male | RMx_total |
| 2 | 0 | 143629 | 151485 | 295114 | 287.04 | 387.02 | 674.06 | 0.001998 | 0.002555 | 0.002284 |
| 3 | 1 | 161123 | 169792 | 330915 | 29 | 34 | 63 | 0.00018 | 0.0002 | 0.00019 |
| 4 | 2 | 176023 | 186785 | 362808 | 22 | 27 | 49 | 0.000125 | 0.000145 | 0.000135 |
| 5 | 3 | 201146 | 210751 | 411897 | 13 | 21 | 34 | 6.46E-05 | 9.96E-05 | 8.25E-05 |
| 6 | 4 | 216411 | 227479 | 443890 | 15 | 24 | 39 | 6.93E-05 | 0.000106 | 8.79E-05 |
| 7 | 5 | 214737 | 225497 | 440234 | 12 | 14 | 26 | 5.59E-05 | 6.21E-05 | 5.91E-05 |
| 8 | 6 | 215106 | 225941 | 441047 | 14 | 14 | 28 | 6.51E-05 | 6.2E-05 | 6.35E-05 |
| 9 | 7 | 238245 | 251098 | 489343 | 13 | 21 | 34 | 5.46E-05 | 8.36E-05 | 6.95E-05 |
| 10 | 8 | 231691 | 244162 | 475853 | 14 | 15 | 29 | 6.04E-05 | 6.14E-05 | 6.09E-05 |
| 11 | 9 | 229272 | 243902 | 473174 | 9 | 16 | 25 | 3.93E-05 | 6.56E-05 | 5.28E-05 |
| 12 | 10 | 217254 | 230531 | 447785 | 14 | 21.01 | 35.01 | 6.44E-05 | 9.11E-05 | 7.82E-05 |
| 13 | 11 | 227373 | 240934 | 468307 | 10.01 | 22.01 | 32.02 | 4.4E-05 | 9.14E-05 | 6.84E-05 |
| 14 | 12 | 240713 | 254648 | 495361 | 17 | 22 | 39 | 7.06E-05 | 8.64E-05 | 7.87E-05 |
| 15 | 13 | 216951 | 232205 | 449156 | 20 | 34 | 54 | 9.22E-05 | 0.000146 | 0.00012 |
| 16 | 14 | 210051 | 225509 | 435560 | 21 | 22 | 43 | 1E-04 | 9.76E-05 | 9.87E-05 |
| 17 | 15 | 227893 | 245160 | 473053 | 26 | 43 | 69 | 0.000114 | 0.000175 | 0.000146 |

2020_mortality +

:: 그림 49. 2020년 대한민국 원시 사망률 데이터

작성한 2020년 대한민국 원시사망률 데이터는 R에서 읽을 수 있다.

데이터 읽기는 다양한 방법으로 가능하다. 엑셀 시트 내의 범위를 지정하여 읽을 수도 있지만, 우선 간단한 방법으로 시도해보자.

RStudio®에서 'plottingRawMortality' 제목으로 새 스크립트 파일을 시작하자. 그리고 R에 'readxl' 패키지가 설치되었는지 확인해보자.

작업 전에 메모리를 청소하는 것은 좋은 습관이다. 다만 중요한 내용은 반드시 저장하자. 특히 'rm()'명령어 실행 시 메모리를 삭제한다는 일반적인 경고 메시지는 뜨지 않는다. 필요한 패키지를 R로 불러오고 작업 디렉토리도 설정하자.

```
#install.packages("readxl")

rm(list = ls())
library(readxl)
setwd("~/R for pension")
```

프로젝트의 내용에 대해 주석을 남기는 것은 좋은 작업습관이다.

```
# 2020년 대한민국 원시사망률 읽기

# 데이터 출처 :
# https://mortality.org/File/Download/hmd.v6/zip/by_country/KOR.zip
# x : 연령
# Rlx : x세 인구수
# Rdx : x세(포함)와 x+1(미포함)세 사이 사망자수
# RMx : 원시사망률계수(raw mortality coefficient)
```

‘readxl’ 패키지를 사용하여 엑셀 파일을 불러올 명령어를 작성해보자.

‘readxl’가 기존의 ‘data.table’보다 우수한 점은 .xls파일에서 특정 시트(sheet)와 범위(range)까지 지정하여 데이터를 불러올 수 있다는 것이다. 데이터는 일단 열(세로로 정리된 값)로 읽은 후 ‘t[21]’ 함수를 사용하여 벡터(가로로 정리된 값)로 변형이 가능하다. 사용할 함수의 사용법이 궁금한 경우 도움말 기능을 활용하라.

```
# 연령변수 생성 (0세부터 109세까지)

x <- 0:109
x

# 원시사망률계수 읽기
# 여성 – RMx_female (‘H’열)
# 남성 – RMx_male (‘I’열)
# 전체 – RMx_total (‘J’열)

RMx_total_temp = read_excel("mortality.xls",
                            sheet = "2020_mortality",
                            range = cell_cols("J"))
RMx_total = as.vector(t(RMx_total_temp))
RMx_total
```

코드를 실행하면 R에서는 ‘x’와 ‘RMx_total’ 변수를 생성한 후 이를 벡터로 변경하며 Console에는 다음과 같은 결과가 출력된다.

---

21) Transpose 함수, ‘전치행열’이라고 하며 행과 열의 위치를 바꿔주는 함수이다.

```
Console   Terminal ×   Background Jobs ×                                        ▬ ☐
R   R 4.3.1 · ~/R for pension/
>
> x <- 0:109
> x
  [1]   0   1   2   3   4   5   6   7   8   9  10  11  12  13  14  15  16  17  18  19  20
 [22]  21  22  23  24  25  26  27  28  29  30  31  32  33  34  35  36  37  38  39  40  41
 [43]  42  43  44  45  46  47  48  49  50  51  52  53  54  55  56  57  58  59  60  61  62
 [64]  63  64  65  66  67  68  69  70  71  72  73  74  75  76  77  78  79  80  81  82  83
 [85]  84  85  86  87  88  89  90  91  92  93  94  95  96  97  98  99 100 101 102 103 104
[106] 105 106 107 108 109
> RMx_total_temp = read_excel("mortality.xls", sheet = "2020_mortality",
+                             range = cell_cols("J"))
> RMx_total = as.vector(t(RMx_total_temp))
> RMx_total
  [1] 0.00228406650 0.00019038122 0.00013505766 0.00008254491 0.00008785960 0.00005905950
  [7] 0.00006348530 0.00006948092 0.00006094319 0.00005283469 0.00007818484 0.00006837395
 [13] 0.00007873046 0.00012022549 0.00009872348 0.00014586103 0.00020724557 0.00026360129
 [19] 0.00019380784 0.00024196120 0.00027712735 0.00032049832 0.00031761606 0.00036398777
 [25] 0.00040204667 0.00040171273 0.00044050249 0.00046053635 0.00047977682 0.00051042313
 [31] 0.00053710698 0.00056569481 0.00052275736 0.00055638837 0.00060937064 0.00071695264
 [37] 0.00070050782 0.00072234240 0.00087766877 0.00083919777 0.00091895309 0.00102702937
 [43] 0.00105971371 0.00110072071 0.00130696065 0.00130956257 0.00150242183 0.00169590451
 [49] 0.00177880397 0.00203224335 0.00211530716 0.00226663092 0.00261940361 0.00280587115
 [55] 0.00282215139 0.00323505518 0.00345887651 0.00362848509 0.00367238917 0.00429337410
 [61] 0.00478860651 0.00513267103 0.00507327956 0.00603656290 0.00594139521 0.00740777195
 [67] 0.00775253527 0.00754279754 0.01097295805 0.00942920593 0.01097687051 0.01179174111
 [73] 0.01329542306 0.01748034672 0.01595777071 0.01942364092 0.02104510192 0.02386357091
 [79] 0.03301044896 0.03494475651 0.03746802692 0.04605549021 0.05136407089 0.05887471817
 [85] 0.06681293092 0.07828511742 0.09002161174 0.09793882902 0.11945477783 0.12281105308
 [91] 0.14499284183 0.16031365556 0.17649259981 0.19988452377 0.20668308688 0.22529611585
 [97] 0.22177920627 0.28920181607 0.31886309521 0.32649679773 0.37070876473 0.40752635559
[103] 0.42564014632 0.46108428551 0.52406392270 0.53598402639 0.55652726984 0.63520574788
[109] 0.74103877103 0.97868217054
>
```

:• 그림 50. Console에 표시된 벡터 'x'과 'RMx_total'

벡터 'x'와 'RMx_total'의 길이는 동일하게 [1:110]이며, 이는 그래프를 에러 없
이 생성하는데 있어서 중요한 정보이다. 이 정보는 오른쪽 상단의 Environment
창에도 표시된다([그림 51]).

```
Environment   History   Connections   Tutorial                          ▬ ☐
 ⌂ 🖫   Import Dataset ▾   🌓 155 MiB ▾   ✎                      ≡ List ▾   ⟳ ▾
R ▾   🌐 Global Environment ▾                                  🔍
Data
 ⊙ RMx_total_temp        110 obs. of 1 variable                              ▦
Values
   RMx_total             num [1:110] 0.0022841 0.0001904 0.0001351 0.000082…
   x                     int [1:110] 0 1 2 3 4 5 6 7 8 9 ...
```

:• 그림 51. Environment 창에 표시된 'x'와 'RMx'의 정보

이 값을 그래프로 시각화 할 준비가 되었다.

그래프를 그리는 방법은 앞에서 소개한 적이 있다. 관련된 명령어를 복습하고 싶다면 p.52를 확인하라.

여기에서는 'scipen'이라는 특별한 옵션을 사용한다. 그래프를 생성할 때 'options' 명령어를 사용하면 몇 가지 기능을 추가할 수 있다. 'help(options)'를 입력하여 도움말을 확인하면 'scipen'에 대해 알 수 있다. 'scipen'은 그래프에서 표시되는 지수형의 숫자를 정수로 표시하는 옵션이다. 양수를 입력하면 일반표기법으로, 음수를 입력하면 지수표기법으로 숫자가 표시된다. 'scipen'의 값을 양수인 100으로 지정하면(scipen = 100), y축의 라벨 값이 일반표기법으로 표시된다.

```
# 2020년 국내 원시사망률계수(RMx) 그래프 - 십진법

plot(x, RMx_total,
        main = "2020년 국내 사망률 계수(RMx) - 십진법",
        xlab = "연령(x)",
        ylab = "원시사망률계수(RMx)",
        type = "l")

# 2020년 국내 원시사망률계수(RMx) 그래프 - 로그법

options(scipen = 100)

plot(x, RMx_total,
        main = "2020년 국내 사망률 계수(RMx) - 로그법",
        xlab = "연령(x)",
        ylab = "원시사망률계수(RMx)",
        log = "y",
        type = "l")
```

위의 코드를 실행하면 원시사망률 그래프가 십진법과 로그법으로 각각 생성된다.

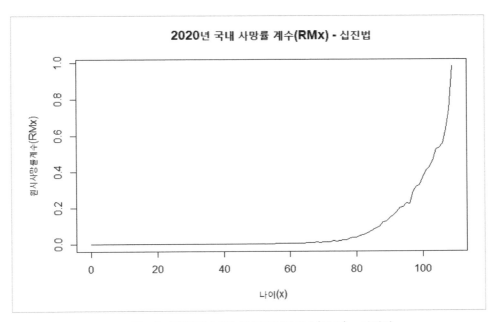

:: 그림 52. 2020년 국내 원시사망률계수(RMx) - 십진법

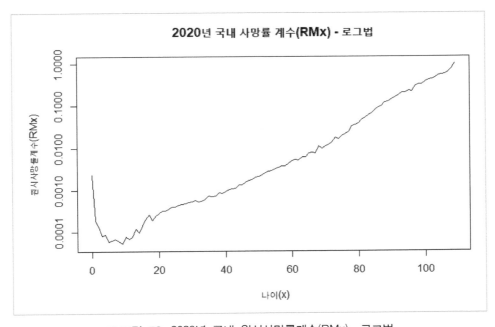

:: 그림 53. 2020년 국내 원시사망률계수(RMx) - 로그법

　[그림 53]을 확인하면 원시사망률 곡선이 비록 불규칙하지만 약 10세부터 계수가 지속적으로 증가하는 추세를 보인다. 이는 연금계리에 있어 상당히 흥미로운 점이다. 특히 곡선의 시작부분인 저연령에 심하게 불규칙한 패턴이 관찰된다(때로는 곡선의 종료부분인 고령층에 발생하기도 한다). 이러한 불규칙성 때문에 예로부터 계리사들은 평활화(smoothing out) 기법으로 보정한 생명표를 연금계리에 적용했다.

　평활화 기법은 모수(parametric) 또는 비모수(non-parametric)의 성격을 가질 수 있다. 모수(parameter)란 모집단의 특성을 대표하는 변수로 일반적으로 평균, 분산 같은 기본통계 값을 의미한다. 모수적 방법은 모집단이 특정한 확률분포를 따른다고 가정하고 보정하는 방법이며, 반대로 비모수적 방법은 모집단에 대한 정보가 부족하거나 어느 특정한 확률분포를 따른다고 전제할 수 없을 경우 보정하는 방법이다. 연금수리와 관련된 문헌에서 많은 종류의 평활화 기법이 개발되고 논의된 바 있다.

　2020년을 기준으로 우리나라 국민생명표의 경우 원시사망률 데이터를 보정하기 위해 'Greville 9차항 보정계수'를 적용하고 있으며, 85세 이상의 고령층의 데이터의 경우 'Coale-Kisker 모형'의 평활화 기법을 적용하고 있다. 기대수명의 추세가 변함에 따라 생명표 보정방법에도 지속적인 개선이 요구되고 있으며, 계리전문가, 학계 및 연구기관, 정부부처가 협력하여 주기적으로 보정방법을 개선하고 있다. 생명표 보정에 대한 자세한 내용은 통계청이 2020년 12월에 발행한 '생명표 통계정보보고서[22]'를 참고하라.

　1장의 후반부에서는 원시사망률과 국민생명표의 사망률을 함께 시각화 하여 원시사망률이 어떻게 보정되었는지 확인해 볼 것이다.

## 원시사망률 시각화 전체 R 코드

```
# 2020년 대한민국 원시사망률 읽기
# 데이터 출처 :
```

---

22) http://narastat.kr/metasvc/svc/SvcMetaDcDtaPopup.do?confmNo=101035

```
# https://mortality.org/File/Download/hmd.v6/zip/by_country/KOR.zip
# x : 연령
# Rlx : x세 인구수
# Rdx : x세(포함)와 x+1(미포함)세 사이 사망자수
# RMx : 원시사망률계수(raw mortality coefficient)

# 연령변수 생성 (0세부터 109세까지)

x <- 0:109
x

# 원시사망률계수 읽기
# 여성 – RMx_female ('H'열)
# 남성 – RMx_male ('I'열)
# 전체 – RMx_total ('J'열)

RMx_total_temp = read_excel("mortality.xls",
                            sheet = "2020_mortality",
                            range = cell_cols("J"))
RMx_total = as.vector(t(RMx_total_temp))
RMx_total

# 2020년 국내 원시사망률계수(RMx) 그래프 - 십진법

plot(x, RMx_total,
     main = "2020년 국내 사망률 계수(RMx) - 십진법",
     xlab = "연령(x)",
     ylab = "원시사망률계수(RMx)",
     type = "l")

# 2020년 국내 원시사망률계수(RMx) 그래프 - 로그법

options(scipen = 100)

plot(x, RMx_total,
     main = "2020년 국내 사망률 계수(RMx) - 로그법",
     xlab = "연령(x)",
     ylab = "원시사망률계수(RMx)",
     log = "y",
     type = "l")
```

## (2) 생명표

연금계리에서 사용하는 생명표의 기본구조는 연속적인 연령인 $x$와 $x$세의 개인이 다음 생일 전에 사망할 확률로 이루어져 있다. 사망확률의 계리 표기법은

$q_x$이다.

$q_x$는 연초 생존해 있던 $x$세 개인이 1년 안에 사망할 확률이다.

생명표는 모집단(population) 또는 코호트(cohort)의 원시사망률 데이터와 연금계리에 적용 전 원시데이터를 보정하는 평활화 기법에 따라서 다양하게 작성될 수 있다.

생명표는 다음의 데이터로 생성된다.

기본 데이터: $x$, $l_x$

파생 데이터: $d_x$, $q_x$, $p_x$, $\cdots$

- $x$: 0세부터 최고령까지 연령을 의미한다.
- $l_x$: $x$세의 생존자수를 나타낸다. 0세의 생존자수는 일반적으로 100,000 또는 1,000,000과 같이 임의적인 큰 수로 지정한다. '$l_x$'를 생존함수(survivor function)로 부르기도 한다.
- $d_x$: $x$세의 생존자 중 $x$세(포함)와 $x+1$세(포함되지 않음) 사이의 사망자수로 다음 등식으로 정의한다.

<F.1.3.> $\qquad d_x = l_x - l_{x+1}$

- $q_x$: $x$세의 생존자가 1년 안에 사망할 확률(사망위험)을 나타내며 다음 등식으로 정의한다.

<F.1.4.> $\qquad q_x = d_x / l_x$

- $p_x$: $x$세의 생존자가 1년 동안에 생존할 확률을 나타내며 다음 등식으로 정의한다.

<F.1.5.> $\qquad p_x = l_{x+1} / l_x \quad$ or $\quad p_x = 1 - q_x$

생명표는 연금수리적 정보($x$, $l_x$, $d_x$, $q_x$)의 연속적인 값으로 구성된다.

일반적으로 생명표는 정수연령(integer age)으로 표시된다. 정수가 아닌 연령[23]의 계리적 값은 보간법[24](interpolation)으로 계산될 수 있다.

생명표의 원시데이터는 대상 모집단이나 코호트에 의해 결정된다. 생명표를 분류하는 일반적인 기준은 다음과 같다.

- 국민생명표(population table): 지역이나 국가, 특정 지역에 거주하는 전체 인구의 생명표
- 성별생명표(gender table): 특정 모집단 중 성별에 따른 생명표
- 경험생명표(experience table): 특정 기관이나 집단이 운영하는 보험에 가입/보장된 모집단의 생명표 (법적으로 허용되지 않는 경우도 있기 때문에 보통 통계 목적으로만 작성됨)
- 법적생명표(legal table): 개별 대형사건 및 사고와 관련되어 주로 집단적인 보상에서 적용되는 법적 강제성을 지닌 생명표

## (3) 국내 생명표

국내에서 사용하는 대표적인 생명표에는 국민생명표와 경험생명표가 있다.

국민생명표는 통계법 제18조에 따라 통계청이 매년 공시하는 생명표이다. 국민생명표는 전 국민을 대상으로 주민등록의 통계 및 사망신고자료 등을 바탕으로 작성되며, 건강과 의료 정책을 수립하거나, 국가 및 지역간 경제, 사회, 및 보건 기준을 비교하고 인구추계를 결정하는 기준으로 사용된다. 또한, 보상액 및 손해배상액을 산정할 때 '가동연한', 즉 일을 해서 소득을 올릴 수 있는 최대연령을 판단하는 데에도 사용되기도 한다.

반면 경험생명표의 경우 대상 모집단이 보험에 가입한 사람으로 한정되어 있으며, 피보험자의 계약과 생존 및 사망 통계를 근거로 보험개발원(Korea Insurance Development Institute; KIDI)이 작성한다. 경험생명표는 각종 보험과 연금의 계리업무와 관련된 보험요율 및 기준준비금 등을 산출하는 근거가 된다. 경험생명표를 작성할 때는 국민생명표와 국민생명표 작성할 때 사용했던 보정방법을 참고하여 작성한다.

---

23) 40, 41, 42세 같은 정수가 아닌 40세 3개월, 41세 7개월
24) 값이 알려진 두 점을 선으로 연결하여 사이의 값을 추정하는 방식이다.

국민생명표의 경우 누구나 자료를 열람할 수 있지만, 경험생명표의 경우 보험개발원에 가입한 보험회사, 연금사업자 및 관련기관에 한하여 접근이 가능하다. 다만 보험개발원 홈페이지에 5세별 간이경험생명표[25]가 참고용으로 올라와 있다.

https://www.kidi.or.kr/user/nd81768.do

연금계리 실무에서는 보험개발원이 작성한 경험생명표를 사용한다. 하지만 앞에서 언급한 것처럼 자료접근의 제한으로 이 책에서는 통계청이 제공하는 국민생명표를 활용하고자 한다. 다만 연금계리 실무에서 계리사는 대상에 알맞은 생명표를 적용하기 위해서 세심한 주의를 기울여야 한다.

국민생명표는 다음 주소에서 다운로드 받을 수 있다.

https://kosis.kr/statHtml/statHtml.do?orgId=101&tblId=DT_1B42&conn_path=I2

위 링크를 클릭하면 통계청 국가통계포털 KOSIS의 2021년 완전생명표(1세별)로 이동한다.

**⁞⁞ 그림 54. KOSIS의 대한민국 완전생명표(1세별)**

---

25) 간이생명표는 5세별로, 완전생명표는 1세별로 사망확률 정보를 표시한다.

앞에서 작성한 원시사망률의 시점인 2020년과 맞추기 위해 왼쪽 상단의 '시점'을 클릭하고, 2020년을 선택한 뒤 적용을 클릭한다. 그리고 오른쪽 상단에서 '다운로드'를 클릭하면 다운로드 팝업창이 화면에 표시된다. 파일형태에서 'EXCEL(xls)'를 선택한 뒤 다시 '다운로드'를 선택한다.

| | A | B | C | D | E | F | G | H | I | J |
|---|---|---|---|---|---|---|---|---|---|---|
| 1 | 연령별 | 2020 | | | | | | | | |
| 2 | | 기대여명(전체) (년) | 기대여명(남자) (년) | 기대여명(여자) (년) | 사망확률(전체) | 사망확률(남자) | 사망확률(여자) | 생존자(전체) | 생존자(남자) | 생존자(여자) |
| 3 | 0세 | 83.5 | 80.5 | 86.5 | 0.00243 | 0.00272 | 0.00212 | 100,000 | 100,000 | 100,000 |
| 4 | 1세 | 82.7 | 79.7 | 85.7 | 0.00019 | 0.00020 | 0.00018 | 99,757 | 99,728 | 99,788 |
| 5 | 2세 | 81.7 | 78.7 | 84.7 | 0.00014 | 0.00016 | 0.00013 | 99,738 | 99,708 | 99,770 |
| 6 | 3세 | 80.7 | 77.7 | 83.7 | 0.00010 | 0.00012 | 0.00009 | 99,724 | 99,692 | 99,757 |
| 7 | 4세 | 79.7 | 76.7 | 82.7 | 0.00008 | 0.00009 | 0.00007 | 99,714 | 99,680 | 99,748 |
| 8 | 5세 | 78.7 | 75.8 | 81.7 | 0.00007 | 0.00008 | 0.00006 | 99,706 | 99,671 | 99,742 |
| 9 | 6세 | 77.7 | 74.8 | 80.7 | 0.00006 | 0.00007 | 0.00006 | 99,699 | 99,664 | 99,736 |
| 10 | 7세 | 76.7 | 73.8 | 79.7 | 0.00006 | 0.00007 | 0.00006 | 99,693 | 99,657 | 99,730 |
| 11 | 8세 | 75.7 | 72.8 | 78.7 | 0.00006 | 0.00007 | 0.00005 | 99,686 | 99,650 | 99,724 |
| 12 | 9세 | 74.7 | 71.8 | 77.7 | 0.00006 | 0.00007 | 0.00005 | 99,680 | 99,643 | 99,719 |
| 13 | 10세 | 73.7 | 70.8 | 76.7 | 0.00007 | 0.00008 | 0.00005 | 99,674 | 99,636 | 99,714 |
| 14 | 11세 | 72.8 | 69.8 | 75.7 | 0.00007 | 0.00009 | 0.00006 | 99,668 | 99,628 | 99,709 |
| 15 | 12세 | 71.8 | 68.8 | 74.7 | 0.00008 | 0.00010 | 0.00007 | 99,660 | 99,619 | 99,703 |
| 16 | 13세 | 70.8 | 67.8 | 73.7 | 0.00010 | 0.00011 | 0.00009 | 99,652 | 99,609 | 99,696 |
| 17 | 14세 | 69.8 | 66.8 | 72.7 | 0.00012 | 0.00014 | 0.00011 | 99,642 | 99,598 | 99,688 |
| 18 | 15세 | 68.8 | 65.8 | 71.7 | 0.00016 | 0.00019 | 0.00013 | 99,630 | 99,584 | 99,677 |

데이터   메타정보   +

그림 55. 2020년 대한민국 완전생명표(1세별)

2020년 완전생명표(1세별)에서 '생존자' 정보에 주목하자. 앞서 설명한 것처럼 '생존자'는 0세에 임의의 큰 수 100,000으로 시작하는 생존함수($l_x$)이다. '생존자(전체)', '생존자(남자)', '생존자(여자)' 이름을 각각 'lx_total', 'lx_male', 'lx_female'로 변경한다. 그리고 이들을 복사하여 'mortality.xls' 파일의 '2020_mortality'의 시트에 붙여넣기 한다. 국내 완전생명표의 경우 0세부터 100세까지 정보를 제공하고 있으며, HMD 원시데이터의 길이(0세부터 110세까지)와 다르다는 것을 기억하자.

| | G | H | I | J | K | L | M | N |
|---|---|---|---|---|---|---|---|---|
| 1 | Rdx_total | RMx_fema | RMx_male | RMx_tota | lx_femal | lx_male | lx_total | |
| 2 | 674.06 | 0.002 | 0.00255 | 0.00228 | 100000 | 100000 | 100000 | |
| 3 | 63 | 0.00018 | 0.0002 | 0.00019 | 99788 | 99728 | 99757 | |
| 4 | 49 | 0.00012 | 0.00014 | 0.00014 | 99770 | 99708 | 99738 | |
| 5 | 34 | 6.5E-05 | 1E-04 | 8.3E-05 | 99757 | 99692 | 99724 | |
| 6 | 39 | 6.9E-05 | 0.00011 | 8.8E-05 | 99748 | 99680 | 99714 | |
| 7 | 26 | 5.6E-05 | 6.2E-05 | 5.9E-05 | 99742 | 99671 | 99706 | |
| 8 | 28 | 6.5E-05 | 6.2E-05 | 6.3E-05 | 99736 | 99664 | 99699 | |
| 9 | 34 | 5.5E-05 | 8.4E-05 | 6.9E-05 | 99730 | 99657 | 99693 | |
| 10 | 29 | 6E-05 | 6.1E-05 | 6.1E-05 | 99724 | 99650 | 99686 | |
| 11 | 25 | 3.9E-05 | 6.6E-05 | 5.3E-05 | 99719 | 99643 | 99680 | |
| 12 | 35.01 | 6.4E-05 | 9.1E-05 | 7.8E-05 | 99714 | 99636 | 99674 | |
| 13 | 32.02 | 4.4E-05 | 9.1E-05 | 6.8E-05 | 99709 | 99628 | 99668 | |
| 14 | 39 | 7.1E-05 | 8.6E-05 | 7.9E-05 | 99703 | 99619 | 99660 | |
| 15 | 54 | 9.2E-05 | 0.00015 | 0.00012 | 99696 | 99609 | 99652 | |

∷ 그림 56. 2020년 완전생명표(1세별)의 생존함수(lx) 추가

정리한 생존함수를 이제 R에서 시각화해보자. 먼저 사용할 생명표를 선택한다.

```
# 생명표 종류 선택

table <- 'F' # 남성생명표 : 'M', 여성생명표 : 'F', 전체생명표 : 'T'
```

여기에서는 if‒조건문을 사용하여 생명표를 불러올 것이다.

```
# if-조건문으로 생존함수 불러오기

if(table=='F') {
  lx_female_temp = read_excel("mortality.xls",
                              sheet = "2020_mortality",
                              range = cell_cols("K"))
  lx = as.vector(t(lx_female_temp))
} else if(table=='M') {
  lx_male_temp = read_excel("mortality.xls",
                              sheet = "2020_mortality",
                              range = cell_cols("L"))
  lx = as.vector(t(lx_male_temp))
} else if(table=='T') {
  lx_total_temp = read_excel("mortality.xls",
                              sheet = "2020_mortality",
                              range = cell_cols("M"))
  lx = as.vector(t(lx_total_temp))
}
lx
```

'table' 변수에 여성생명표를 할당하고(table<-'F') 스크립트를 실행하니, [그림 57]과 같이 여성생명표의 생존함수(lx) 정보가 출력되었다.

```
Console   Terminal    Background Jobs

R  R 4.3.1 · ~/R for pension/
+    lx
+ }
   [1] 100000  99788  99770  99757  99748  99742  99736  99730  99724  99719  99714
  [12]  99709  99703  99696  99688  99677  99664  99650  99633  99616  99596  99572
  [23]  99545  99515  99484  99451  99418  99384  99349  99311  99272  99231  99190
  [34]  99148  99105  99059  99007  98950  98889  98825  98759  98692  98622  98547
  [45]  98466  98378  98284  98183  98074  97958  97837  97711  97578  97437  97287
  [56]  97127  96958  96779  96590  96388  96171  95939  95692  95427  95140  94829
  [67]  94490  94117  93702  93241  92730  92158  91520  90803  89989  89054  87959
  [78]  86678  85188  83470  81502  79250  76687  73787  70530  66907  62930  58620
  [89]  54017  49176  44168  39081  34014  29072  24360  19976  16002  12500   9504
 [100]   7021   5030
>
```

그림 57. if-조건문으로 호출한 여성(F) 생존함수(lx)

이제 작성한 if-조건문과 생명표를 불러오는 명령어를 사용자정의함수로 작성하여 필요할 때마다 불러내어 사용할 것이다. 사용자정의함수는 페이지 34에 기술하였으니 참고하라.

```
LT <- function(table, age, endage) {
… statements} else {
  warning("생명표가 올바르게 지정되지 않았습니다!")
}
```

사용자정의함수는 함수이름(function name) 및 모수의 목록(a set of parameters)이 함께 함수를 구성한다. 'function' 명령문 안에는 생명표 종류(table), 시작연령(age), 종료연령(endage) 등의 모수를 정의할 것이다. 'LT'의 이름이 할당된 사용자정의함수는 시작연령에서 종료연령까지 지정한 생명표의 생존함수(lx)값을 반환한다.

## 생존함수 사용자정의함수 전체코드

```
# 조건(기간과 생명표)을 지정하여 생존함수 불러오는 사용자정의함수(LT)

LT <- function(table, age, endage) {
  if(table=='F') {
    lx_female_temp = read_excel("mortality.xls",
                                sheet = "2020_mortality",
                                range = cell_cols("K"))
    lx = as.vector(t(lx_female_temp[-1,])) # 0세의 lx값 제외
  } else if(table=='M') {
    lx_male_temp = read_excel("mortality.xls",
                              sheet = "2020_mortality",
                              range = cell_cols("L"))
    lx = as.vector(t(lx_female_temp[-1,])) # 0세의 lx값 제외
  } else if(table=='T') {
    lx_total_temp = read_excel("mortality.xls",
                               sheet = "2020_mortality",
                               range = cell_cols("M"))
    lx = as.vector(t(lx_female_temp[-1,])) # 0세의 lx값 제외
  } else{
    warning("생명표가 올바르게 지정되지 않았습니다!")
  }
  lx <- as.integer(lx[age:endage])
  lx
}

# 조건을 입력하고 생존함수 불러오기 (남성, 30세부터 65세까지)

Mtable <- 'M'
Mage <- 30
Mendage <- 65

LT(Mtable, Mage, Mendage)
```

위의 코드를 실행하여 출력한 결과는 [그림 58]과 같다.

```
Console  Terminal ×  Background Jobs ×

R  R 4.3.1 · ~/R for pension/
>
> Mtable <- 'M'
> Mage <- 30
> Mendage <- 65
> LT(Mtable, Mage, Mendage)
 [1] 98990 98928 98864 98798 98727 98650 98566 98476 98381 98282 98177 98065
[13] 97944 97812 97666 97506 97327 97129 96910 96671 96409 96122 95809 95469
[25] 95101 94701 94268 93801 93297 92755 92175 91555 90897 90195 89443 88632
>
```

:: 그림 58. 사용자정의함수로 호출한 남성(M)의 생존함수(lx)

다음은 생존함수 그래프를 생성하는 스크립트이다.

```
# 생존함수 그래프 그리기

rm(list = ls())

# 생명표 생존함수 불러오기 사용자정의함수

x <- 0:100
x

lifetablelx <- function(table) {
  if(table=='F') {
    lx_female_temp = read_excel("mortality.xls",
                                sheet = "2020_mortality",
                                range = cell_cols("K"))
    lx = as.vector(t(lx_female_temp))
  } else if(table=='M') {
    lx_male_temp = read_excel("mortality.xls",
                              sheet = "2020_mortality",
                              range = cell_cols("L"))
    lx = as.vector(t(lx_male_temp))
  } else if(table=='T') {
    lx_total_temp = read_excel("mortality.xls",
                               sheet = "2020_mortality",
                               range = cell_cols("M"))
    lx = as.vector(t(lx_total_temp))
  } else{
    warning("생명표가 올바르게 지정되지 않았습니다!")
  }
}

lx_male <- lifetablelx('M')
lx_female <- lifetablelx('F')
```

```
lx_total <- lifetablelx('T')

# 1. 첫번째 선을 그린다.
plot(x, lx_total,
        main = "생존함수 lx - 전체, 남성, 여성",
        type = "l", col = "black",
        lty = 1, lwd = 2,
        xlab = "연령(x)",
        ylab = "생존함수(lx)")

# 2. 두번째 선을 그린다.
lines(x, lx_male, col = "grey",
        type = "l", lty = 2)

# 3. 세번째 선을 그린다.
lines(x, lx_female, col = "darkgrey",
        type = "l", lty = 3)

# 4. 범례를 추가한다.
grid(col = "grey", lty = "dotted",
        lwd = par("lwd"), equilogs = TRUE)

# 범례의 위치를 왼쪽하단(bottomleft)으로 지정한다.

legend(x = "bottomleft",
            legend =c("전체 lx", "남성 lx", "여성 lx"),
            col= c("black", "darkgrey", "grey"),
            lty = 1:3, cex = 0.8)
```

범례는 왼쪽 하단 'bottomleft'의 위치로 지정하였으며, 배경에는 격자무늬가 추가되었다.

코드를 실행하면 다음과 같은 그래프가 출력된다.

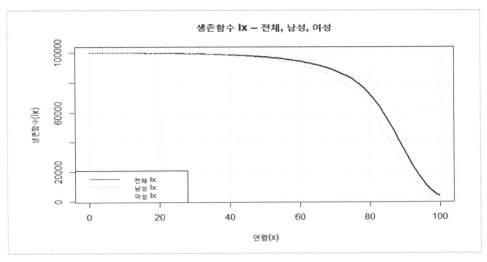

:: 그림 59. 생존함수 lx(전체, 남성, 여성)

　유사한 방법으로 1년 내 사망할 확률 $q_x$를 원시사망률계수 $RM_x$와 비교한 그래프를 생성할 수 있다.

```
# 원시사망률계수(RMx)와 국민생명표 사망확률(qx) 비교하기

rm(list = ls())

n <- 1:101
n

# 생존함수(lx) 호출 사용자정의함수:
# 여성 – lx_female ('K'열)
# 남성 – lx_male ('L'열)
# 전체 – lx_total ('M'열)

...lifetablelx 사용자정의함수 참고... # 0세 lx값 포함

lx_male <- lifetablelx('M')
lx_female <- lifetablelx('F')
lx_total <- lifetablelx('T')

# 사망확률 qx 계산하기

options(scipen = 100)
```

```
dx_male = lx_male[n]-lx_male[n+1]
qx_male = dx_male/lx_male
dx_female = lx_female[n]-lx_female[n+1]
qx_female = dx_female/lx_female
dx_total = lx_total[n]-lx_total[n+1]
qx_total = dx_total/lx_total

# 원시사망률계수 RMx 불러오기

RMx_total_temp = read_excel("mortality.xls",
                            sheet = "2020_mortality",
                            range = "J1:J102")
RMx_total = as.vector(t(RMx_total_temp))
RMx_total

# 연령벡터 생성
x <- 0:100
x

# 1. 전체 원시사망률계수(RMx_total)로 첫번째 선 그리기
plot(x, RMx_total,
    main = "2020년 원시사망률과 생명표 사망확률 비교",
    log = "y",
    type = "l", col = "red",
    lty = 1, lwd = 1.5,
    xlab = "연령",
    xlim = c(0, 100) , ylim = c(0.00005, 1),
    ylab = "원시사망률 vs 사망확률")

# 2. 전체 사망확률(qx_total)로 첫번째 선 그리기
lines(x, qx_total, col = "black",
    type = "l", lty = 1, lwd = 1.5)

# 3. 여성 사망확률(qx_female)로 두번째 선 그리기
lines(x, qx_female, col = "black",
    type = "l", lty = 2, lwd = 1.1)

# 4. 남성 사망확률(qx_male)로 세번째 선 그리기
lines(x, qx_male, col = "black",
    type = "l", lty = 4, lwd = 1.1)

# 5. 범례 추가하기
grid(col = "grey", lty = "dotted",
    lwd = par("lwd"), equilogs = TRUE)

legend(x = "topleft",
        legend = c("전체 원시사망률", "전체 사망확률",
                   "여성 사망확률", "남성 사망확률"),
```

```
col = c("red", "black", "black", "black"),
lty = c(1, 1, 2, 4), cex = 0.8)
```

위의 코드를 실행하면 [그림 60]과 같은 그래프가 생성된다.

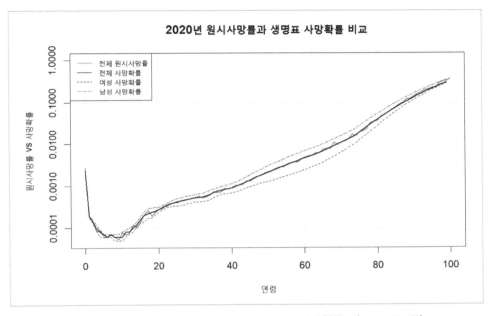

:: 그림 60. 2020년 원시사망률과 생명표의 사망확률 비교 - 로그법

[그림 60]은 원시사망률계수(전체)와 보정된 국민생명표의 사망확률(여성, 남성, 전체)을 하나의 그래프에 로그법으로 표시하였다. [그림 60]을 자세히 살펴보면 빨간색 실선의 원시사망률계수에서 관찰되는 불규칙성이 검은색 실선의 생명표 사망확률에서 보정된 것을 확인할 수 있다. 또한, 생명표에서 전연령대에 걸쳐 남성의 사망확률이 여성의 사망확률에 비해 높은 것도 계리적 측면에서 흥미로운 점이다.

## ⧅ 1장 전체 코드 ⧅

```
## 1장 "생명표를 읽고 시각화하기" ##

#install.packages("readxl")
rm(list = ls())
library(readxl)

setwd("~/R for pension")

# 2020년 대한민국 원시사망률 읽기

# 데이터 출처 :
# https://mortality.org/File/Download/hmd.v6/zip/by_country/KOR.zip
# x : 연령
# Rlx : x세 인구수
# Rdx : x세(포함)와 x+1(미포함)세 사이 사망자수
# RMx : 원시사망률계수(raw mortality coefficient)

# 연령변수 생성 (0세부터 109세까지)

x <- 0:109
x

# 원시사망률계수 읽기
# 여성 - RMx_female ('H'열)
# 남성 - RMx_male ('I'열)
# 전체 - RMx_total ('J'열)

RMx_total_temp = read_excel("mortality.xls",
                             sheet = "2020_mortality",
                             range = cell_cols("J"))
RMx_total = as.vector(t(RMx_total_temp))
RMx_total

# 2020년 국내 원시사망률계수(RMx) 그래프 - 십진법

plot(x, RMx_total,
     main = "2020년 국내 사망률 계수(RMx) - 십진법",
     xlab = "연령(x)",
     ylab = "원시사망률계수(RMx)",
     type = "l")

# 2020년 국내 원시사망률계수(RMx) 그래프 - 로그법

options(scipen = 100)

plot(x, RMx_total,
```

```
      main = "2020년 국내 사망률 계수(RMx) - 로그법",
      xlab = "연령(x)",
      ylab = "원시사망률계수(RMx)",
      log = "y",
      type = "l")

#=================================
# 생존함수(lx) 생명표 불러오기

table <- 'F' # 남성생명표 : 'M', 여성생명표 : 'F', 전체생명표 : 'T'

# if-조건문으로 생존함수 불러오기

if(table=='F') {
  lx_female_temp = read_excel("mortality.xls",
                               sheet = "2020_mortality",
                               range = cell_cols("K"))
  lx = as.vector(t(lx_female_temp))
} else if(table=='M') {
  lx_male_temp = read_excel("mortality.xls",
                             sheet = "2020_mortality",
                             range = cell_cols("L"))
  lx = as.vector(t(lx_male_temp))
} else if(table=='T') {
  lx_total_temp = read_excel("mortality.xls",
                              sheet = "2020_mortality",
                              range = cell_cols("M"))
  lx = as.vector(t(lx_total_temp))
}
lx

# 조건(기간과 생명표)을 지정하여 생존함수 불러오는 사용자정의함수(LT)

LT <- function(table,age,endage) {
  if(table=='F') {
    lx_female_temp = read_excel("mortality.xls",
                                 sheet = "2020_mortality",
                                 range = cell_cols("K"))
    lx = as.vector(t(lx_female_temp[-1,])) # 0세의 lx값 제외
  } else if(table=='M') {
    lx_male_temp = read_excel("mortality.xls",
                               sheet = "2020_mortality",
                               range = cell_cols("L"))
    lx = as.vector(t(lx_female_temp[-1,])) # 0세의 lx값 제외
  } else if(table=='T') {
    lx_total_temp = read_excel("mortality.xls",
                                sheet = "2020_mortality",
                                range = cell_cols("M"))
```

```r
    lx = as.vector(t(lx_female_temp[-1,])) # 0세의 lx값 제외
  } else{
    warning("생명표가 올바르게 지정되지 않았습니다!")
  }
  lx <- as.integer(lx[age:endage])
  lx
}

# 조건을 입력하고 생존함수 불러오기 (남성, 30세부터 65세까지)

Mtable <- 'M'
Mage <- 30
Mendage <- 65

LT(Mtable, Mage, Mendage)

#=======================================
# 생존함수 그래프 그리기

rm(list = ls())

# 생명표 생존함수 불러오기 사용자정의함수

x <- 0:100
x

lifetablelx <- function(table) {
  if(table=='F') {
    lx_female_temp = read_excel("mortality.xls",
                                sheet = "2020_mortality",
                                range = cell_cols("K"))
    lx = as.vector(t(lx_female_temp))
  } else if(table=='M') {
    lx_male_temp = read_excel("mortality.xls",
                                sheet = "2020_mortality",
                                range = cell_cols("L"))
    lx = as.vector(t(lx_male_temp))
  } else if(table=='T') {
    lx_total_temp = read_excel("mortality.xls",
                                sheet = "2020_mortality",
                                range = cell_cols("M"))
    lx = as.vector(t(lx_total_temp))
  } else{
    warning("생명표가 올바르게 지정되지 않았습니다!")
  }
}

lx_male <- lifetablelx('M')
```

```
lx_female <- lifetablelx('F')
lx_total <- lifetablelx('T')

# 1. 첫번째 선을 그린다.
plot(x, lx_total,
     main = "생존함수 lx – 전체, 남성, 여성",
     type = "l", col = "black",
     lty = 1, lwd = 2,
     xlab = "연령(x)",
     ylab = "생존함수(lx)")

# 2. 두번째 선을 그린다.
lines(x, lx_male, col = "grey",
     type = "l", lty = 2)

# 3. 세번째 선을 그린다.
lines(x, lx_female, col = "darkgrey",
     type = "l", lty = 3)

# 4. 범례를 추가한다.
grid(col = "grey", lty = "dotted",
     lwd = par("lwd"), equilogs = TRUE)

# 범례의 위치를 왼쪽하단(bottomleft)으로 지정한다.

legend(x = "bottomleft",
       legend =c("전체 lx", "남성 lx", "여성 lx"),
       col= c("black", "darkgrey", "grey"),
       lty = 1:3, cex = 0.8)


#=======================================
# 원시사망률계수(RMx)와 국민생명표 사망확률(qx) 비교하기

rm(list = ls())

n <- 1:101
n

# 생존함수(lx) 호출 사용자정의함수:
# 여성 – lx_female ('K'열)
# 남성 – lx_male ('L'열)
# 전체 – lx_total ('M'열)

lifetablelx <- function(table) {
  if(table=='F') {
    lx_female_temp = read_excel("mortality.xls",
                                sheet = "2020_mortality",
```

```
                                    range = cell_cols("K"))
    lx = as.vector(t(lx_female_temp))
  } else if(table=='M') {
    lx_male_temp = read_excel("mortality.xls",
                                    sheet = "2020_mortality",
                                    range = cell_cols("L"))
    lx = as.vector(t(lx_male_temp))
  } else if(table=='T') {
    lx_total_temp = read_excel("mortality.xls",
                                    sheet = "2020_mortality",
                                    range = cell_cols("M"))
    lx = as.vector(t(lx_total_temp))
  } else{
    warning("생명표가 올바르게 지정되지 않았습니다!")
  }
}

lx_male <- lifetablelx('M')
lx_female <- lifetablelx('F')
lx_total <- lifetablelx('T')

# 사망확률 qx 계산하기

options(scipen = 100)

dx_male = lx_male[n]-lx_male[n+1]
qx_male = dx_male/lx_male
dx_female = lx_female[n]-lx_female[n+1]
qx_female = dx_female/lx_female
dx_total = lx_total[n]-lx_total[n+1]
qx_total = dx_total/lx_total

RMx_total_temp = read_excel("mortality.xls",
                                    sheet = "2020_mortality",
                                    range = "J1:J102")
RMx_total = as.vector(t(RMx_total_temp))
RMx_total

# 연령벡터 생성
x <- 0:100
x

# 1. 전체 원시사망률계수(RMx_total)로 첫번째 선 그리기
plot(x, RMx_total,
    main = "2020년 원시사망률과 생명표 사망확률 비교",
    log = "y",
    type = "l", col = "red",
    lty = 1, lwd = 1.5,
```

```
        xlab = "연령",
        xlim = c(0, 100) , ylim = c(0.00005, 1),
        ylab = "원시사망률 vs 사망확률")

# 2. 전체 사망확률(qx_total)로 첫번째 선 그리기
lines(x, qx_total, col = "black",
        type = "l", lty = 1, lwd = 1.5)

# 3. 여성 사망확률(qx_female)로 두번째 선 그리기
lines(x, qx_female, col = "black",
        type = "l", lty = 2, lwd = 1.1)

# 4. 남성 사망확률(qx_male)로 세번째 선 그리기
lines(x, qx_male, col = "black",
        type = "l", lty = 4, lwd = 1.1)

# 5. 범례 추가하기
grid(col = "grey", lty = "dotted",
    lwd = par("lwd"), equilogs = TRUE)

legend(x = "topleft",
        legend = c("전체 원시사망률", "전체 사망확률",
                    "여성 사망확률", "남성 사망확률"),
        col = c("red", "black", "black", "black"),
        lty = c(1, 1, 2, 4), cex = 0.8)
```

## (4) 사망률 적용 시 주의할 점

과거에 관측된 사망률이나 생존율 데이터를 연금계리에 적용할 때 직면하는 가장 큰 난점은 데이터가 시간의 경과에 따라 일정하지 않다는 것이다. 〈표 1〉 을 살펴보자.

〈표 1〉은 분석 대상인 (부분)모집단이나 코호트의 원시 또는 보정된 생존률 데이터로 구성된 행렬을 나타낸다. $x$, $x+1$, $x+2$, …(세로축)는 사망률 또는 생존율이 관찰된 연령을 의미하며, $t$, $t+1$, $t+2$, …(가로축)는 사망률 또는 생존율이 관찰된 기간을 의미한다.

| | $t$ | $t+1$ | $t+2$ | $\cdots$ |
|---|---|---|---|---|
| $x$ | $l_{x,t}$ | $l_{x,t+1}$ | $l_{x,t+2}$ | $\cdots$ |
| $x+1$ | $l_{x+1,t}$ | $l_{x+1,t+1}$ | $l_{x+1,t+2}$ | $\cdots$ |
| $x+2$ | $l_{x+2,t}$ | $l_{x+2,t+1}$ | $l_{x+2,t+2}$ | $\cdots$ |
| $\cdots$ | $\cdots$ | $\cdots$ | $\cdots$ | $\cdots$ |

:: 표 1. 연령(x)과 시간(t)의 함수인 원시 또는 보정 데이터

일반적으로 사망률은 한 시점에서 모든 연령대의 사망자수를 집계하는 수평적(vertical) 접근법을 사용한다. 이러한 횡단면데이터(cross-sectional data)에 기초하여 작성한 생명표를 기간생명표[26](period life table)라고 한다. 기간생명표는 모든 연령대에서 비교적 짧은 기간(보통 1년)에 관측된 데이터를 기반으로 작성된다. 기간생명표는 연금계리가 적용되는 기간인 현재와 미래에 '사망률이 일정하게 유지된다(stationary mortality)'는 다소 강한 가정을 사용한다.

최근에는 시간의 경과에 따라 관측된 사망자의 수나 코호트/연령대의 사망률에 보다 집중하고 있다. 이를 대각접근법(diagonal approach)이라고 한다. 시간의 경과에 따른 사망률의 변화를 생명표에 반영하는 것이다. 이러한 방식으로 작성된 생명표나 방법을 코호트생명표(cohort table) 또는 종적접근법(longitudinal approach)이라고 한다. 코호트생명표의 주요 단점은 모집단의 한 세대가 완전히 소멸해야만 생명표가 완성이 된다는 점이다. 다시 말해 생명표의 작성까지 너무 오래 걸린다.

이제까지 소개한 생명표는 과거사망률에 기초한, 즉 소급적용된(retrospective) 생명표이다. 소급적용된 생명표를 연금설계에 적용할 경우 시스템적 위험(systemic risk)에 노출될 수 있다.

근래에 와서 계리사들은 통계적으로 사망률을 예측하는 방법, 즉 확률적 방법으로 미래의 사망률을 예측하는 모델을 개발해왔다. 예측모델, 원시데이터의 측정기간, 적절한 평활법을 심사숙고하여 선택한다면 확률에 기반한 실현가능한

---

26) 기간 생명표를 연금계리에 적용할 경우 특정 시점에서 관측된 인구(모집단)의 기간 연령별 사망률이 미래에도 지속된다는 가정으로 기대여명을 추정한다.

다양한 사망률의 시나리오 목록을 만들 수 있다. 이는 연금계리에 있어 본질적으로 존재하는 불확실성을, 비록 제한적이지만, 완화한 리스크 분석을 가능하게 한다.

제 2장

# 단위연금의 가격 계산하기

연금계리를 구성하는 첫번째 중요한 핵심은 생존을 조건으로 지급하는(life contingent) 단위화폐연금(unit currency pension)의 가격이다. 예를 들어, 연금가입자가 $n$년후 살아있다는 조건하에 1만원[27]을 받는다고 가정해보자.

이때 생존을 조건으로 지급하는 1만원의 실질가치 또는 현재가치는 얼마일까?

이 연금수리적 계산을 수행하기 위해서는 화폐의 시간가치 정보와 해당 금융거래의 기준시점($x$세)에서 예상되는 연금가입자의 $n$년 후 생존확률이 필요하다.

만기에 생존자만 받는다는 개념을 순수생존보험(pure endowment)이라고 하며, 계리표기법(actuarial notation)으로 $_nE_x$로 표기한다. 여기에서 $n$은 기간(년)을 의미하고, $x$는 해당 약정의 기준시점(underwritten)이 되는 연금가입자의 연령이다.

$_nE_x$의 등식은 다음과 같이 표현된다.

<F.2.1.> $\quad _nE_x = \dfrac{1}{(1+i)^n} \times {_np_x}$

<F.2.2.> $\quad _np_x = \dfrac{l_{x+n}}{l_x}$

---

27) 서양의 연금수리학 문헌에서는 단위연금을 보통 \$1이나 1€로 예를 든다.

$l_x$는 앞서 소개한 생명표의 생존함수이다.

단위연금의 가격과 관련된 모든 계산은 R에서 실행될 것이다.

예를 들어, 40세($x=40$)의 남성이 65세 은퇴까지 연금에 가입되어 있고, 이 기간동안 현재가치를 계산하기 위한 이자율은 3.25%라고 가정해보자.

사망확률 정보에는 남성생명표를 사용한다.

변수 '$i$'에 현재가치 이자율 0.0325를 할당하고, 15세부터 65세까지 연령을 의미하는 벡터 '$x$'와 50부터 0까지 기간(duration)을 나타내는 벡터 '$n$'을 생성하여 Console에 출력하자.

```
> i <- 0.0325
> x <- 15:65
> n <- 65-x

> x
> n
```

Console에서 실행 결과를 확인할 수 있다([그림 61]).

```
Console    Terminal ×    Background Jobs ×                        ─ ☐
R  R 4.3.1 · ~/R for pension/
>
> i <- 0.0325
> x <- 15:65
> n <- 65-x
>
> x
 [1] 15 16 17 18 19 20 21 22 23 24 25 26 27 28 29 30 31 32 33 34 35 36 37
[24] 38 39 40 41 42 43 44 45 46 47 48 49 50 51 52 53 54 55 56 57 58 59 60
[47] 61 62 63 64 65
> n
 [1] 50 49 48 47 46 45 44 43 42 41 40 39 38 37 36 35 34 33 32 31 30 29 28
[24] 27 26 25 24 23 22 21 20 19 18 17 16 15 14 13 12 11 10  9  8  7  6  5
[47]  4  3  2  1  0
>
```

∷ 그림 61. 기본정보 벡터 생성

R은 데이터의 유형에 따라 적절한 모드를 자동으로 할당하기 때문에 별도로 벡터를 선언할 필요가 없다.

마찬가지로 Environment 창에 생성된 값이 표시된다([그림 62]).

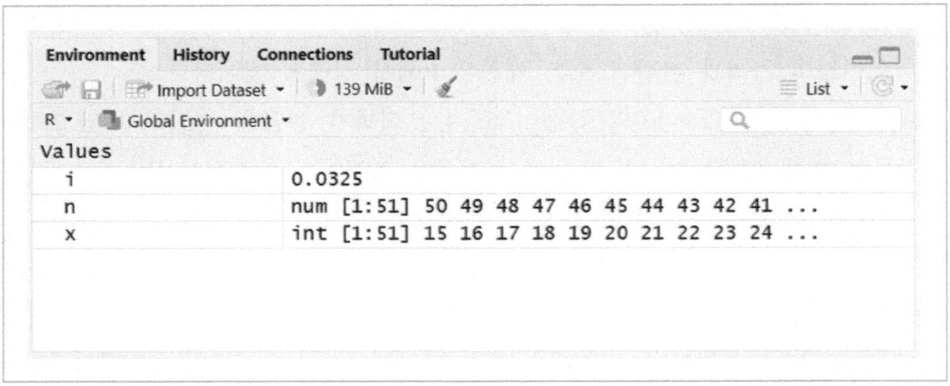

:: 그림 62. Environment 창에 표시된 기본정보 벡터

다음은 $(1+i)$의 역수인 현가계수 '$v$'를 생성하고, 기간 벡터 '$n$'을 사용하여 벡터 '$nv$'을 생성하자.

```
> v <- 1/(1+i)
> vn <- (v^n)

v
vn
```

Console에서 실행결과를 확인할 수 있다. [그림 63]

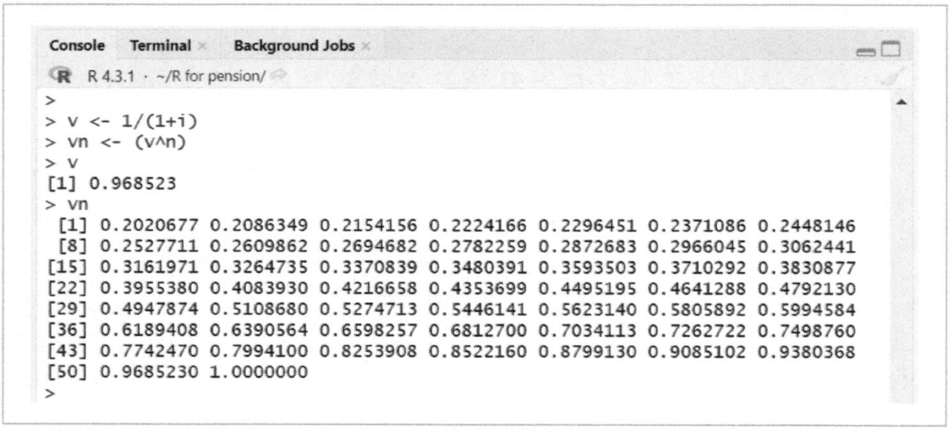

:: 그림 63. 현가계수 벡터 'vn'

그리고 남성생명표의 생존확률 정보를 추가하여 벡터 '${}_{n}p_{x}$'와 벡터 '${}_{n}E_{x}$'를 계산하자.

```
npx <- lx[65]/lx[x]
nEx <- vn*npx

nEx
```

```
Console   Terminal ×   Background Jobs ×
R 4.3.1 · ~/R for pension/
>
> npx <- lx[65]/lx[x]
> nEx <- vn*npx
>
> nEx
 [1] 0.1798448 0.1857252 0.1918075 0.1980990 0.2045989 0.2113142 0.2182499
 [8] 0.2254224 0.2328353 0.2405017 0.2484331 0.2566339 0.2651134 0.2738788
[15] 0.2829426 0.2923123 0.3020016 0.3120185 0.3223743 0.3330909 0.3441848
[22] 0.3556736 0.3675686 0.3798811 0.3926223 0.4058161 0.4194837 0.4336520
[29] 0.4483499 0.4636133 0.4794662 0.4959593 0.5131219 0.5309956 0.5496084
[36] 0.5690128 0.5892599 0.6103985 0.6324810 0.6555636 0.6797283 0.7050432
[43] 0.7315813 0.7594382 0.7887018 0.8194588 0.8518208 0.8858717 0.9217815
[50] 0.9597412 1.0000000
>
```

그림 64. 계리현가계수 벡터 'nEx'

이제 계산결과를 출력해보자. 벡터 '$x$'가 15세에서 시작하므로, 40세($x=40$) 남성의 계리현가계수 값은 벡터 위치 [26]에서 찾을 수 있다. Console 각 라인의 시작에 위치한 대괄호 '[ ]'는 벡터 내 원소의 위치정보를 나타낸다.

```
Console   Terminal ×   Background Jobs ×
R 4.3.1 · ~/R for pension/
>
> lx[65]
[1] 88632
> lx[40]
[1] 98177
>
> npx[26]
[1] 0.9027776
> vn[26]
[1] 0.4495195
>
> res <- npx[26]*vn[26]
> res
[1] 0.4058161
> nEx[26]
[1] 0.4058161
>
```

그림 65. 40대 남성의 ${}_{25}E_{40}$값 계산결과

　　[그림 65]에 출력된 결과를 해석해보자. $_{25}p_{40}$의 값 0.9027776은 2020년을 기준으로 40세의 우리나라 남성이 65세까지 생존할 확률이 약 90.3%임을 나타내며, $_{25}E_{40}$의 값인 0.4058161은 해당 남성이 65세에 받을 1만원의 계리현가가 약 4,058원임을 의미한다. 이렇게 화폐의 시간가치뿐만 아니라 사망확률이 반영된 실질가치를 계리현가[28](actuarial present value)라고 한다.

## ▨ 2장 전체 R코드 ▨

```
## 제2장 "단위연금의 가격 계산하기" ##

rm(list = ls())
setwd("~/R for pension")

library(readxl)

#=====================================
# 단위연금의 가격 계산하기

#기본정보 벡터 입력
# i: 현재가치 i: 이자율, x: 연령, n: 기간(duration)

i <- 0.0325
x <- 15:65
n <- 65-x

x
n

# 현가계수 vn

v <- 1/(1+i)
vn <- (v^n)

v
vn

# 생존함수(lx) 불러오기 사용자정의함수:
# 여성 - lx_female ('K'열), 남성 - lx_male ('L'열), 전체 - lx_total ('M'열)
```

---

28) 일반적인 금융상품은 1차원적으로 화폐의 시간가치(이자율)만 고려한 현재가치(Present Value)를 가치평가에 반영하지만, 보험이나 연금에서는 2차원적으로 특정사건(contingency)인 사망의 확률까지 고려한 계리현가(Actuarial Present Value)를 가치평가에 반영한다.

```
lifetablelx <- function(table) {
  if(table=='F') {
    lx_female_temp = read_excel("mortality.xls",
                                sheet = "2020_mortality",
                                range = cell_cols("K"))
    lx = as.vector(t(lx_female_temp[-1,])) # 0세의 lx값 제외
  } else if(table=='M') {
    lx_male_temp = read_excel("mortality.xls",
                              sheet = "2020_mortality",
                              range = cell_cols("L"))
    lx = as.vector(t(lx_female_temp[-1,])) # 0세의 lx값 제외
  } else if(table=='T') {
    lx_total_temp = read_excel("mortality.xls",
                               sheet = "2020_mortality",
                               range = cell_cols("M"))
    lx = as.vector(t(lx_female_temp[-1,])) # 0세의 lx값 제외
  } else{
    warning("생명표가 올바르게 지정되지 않았습니다!")
  }
}

# 사용자정의함수 'lifetablelx'에 남성의 생명표 'M' 입력

lx <- lifetablelx('M')

# 벡터 npx와 nEx 계산

npx <- lx[65]/lx[x]
nEx <- vn*npx

nEx

# 40대 남성이 65세에 받는 1만원의 계리현가 계산 (단위연금의 가격)

lx[65]
lx[40]

npx[26]
vn[26]

res <- npx[26]*vn[26]
res
nEx[26]
```

# 제3장

# 생명연금의 자본가치 계산하기

연금계리에서 두번째 중요한 핵심은 생명연금(life contingent annuity)의 개념이다. 생명연금이란 x세인 가입자에게 생존기간 동안 정기적인 연금을 지급하는 연금상품을 의미한다. 따라서 수령자가 사망하면 연금지급은 종료된다.

생명연금은 2장에서 소개했던 순수생존보험의 합계이기도 하다.

일정기간 동안 미리 정해진 주기마다 지급하는 연금(annuities)은 연금수리에서 매우 중요한 역할을 한다. 계리적으로 연금의 자본가치(capital value)는 반복되는 단위연금(unit pension) 합계, 즉 정기적으로 지급된 연금의 합계의 실질가치와 일치한다.

연금은 다양한 방식으로 지급된다.

- 지급기간에 따라 연간, 반기, 분기, 월간 연금
- 피보험자의 사망시점까지 지급하는 종신연금(lifelong annuity)과 연령 또는 기간 등 계약 시 약정한 기간까지 지급하지만 사망 시 중단되는 정기생명연금(temporary annuity)
- 연금의 지급시점에 따라 기말급/정상연금(annuity in arrears; postnumerando) 또는 기시급/이상연금(annuity in advance; prenumerando)
- 물가연동(indexed), 정률증가(geometrically), 정액증가(arithmetically), 물가비연동(not indexed) 연금
- 피보험자가 사망 시 유족에게 지급되는 가역성(reversible) 연금과 지급되지

않는 비가역성(non-reversible) 연금

물가연동 연금은 연금액이 인플레이션에 따라 조정되는 연금이다. 기말급 또는 정상연금은 한 기간의 종료 시점에 지급되는 연금이며, 기시급 또는 이상연금은 한 기간의 시작 시점에 지급되는 연금이다. 가역성 연금은 피보험자가 두 명인 연금이다. 또한, 연금은 두 개 이상의 이자율이 적용될 수 있다.

연금종류에 따른 연금수리 정보를 알기 원한다면, 저자의 '비즈니스 연금수리학' 제1장을 참고하라.

이제 1인의 가입자가 지급받는 기시급(annuity in advance) 정기생명연금(temporary annuity)의 실질가치를 계산하는 R 스크립트를 작성해보자.

이 연금은 약정된 n년의 기간이 만료될 때까지 매년 초에 단위연금을 지급하며, 약정기간 중 수령자가 사망 시 지급이 중단된다.

이 정기생명연금은 계리적으로 $\ddot{a}_{x:n}$으로 표시되며, 다음의 식으로 표현될 수 있다.

<F.3.1> $\ddot{a}_{x:n} = 1 + \dfrac{1}{(1+i)^1} \times {}_1p_x + \dfrac{1}{(1+i)^2} \times {}_2p_x + \cdots + \dfrac{1}{(1+i)^{n-1}} \times$

$$_{n-1}p_x$$

또는 다음과 같이 표현될 수 있다.

<F.3.2> $\qquad \ddot{a}_{x:n} = \sum_{t=0}^{n-1} \quad v^t \times {}_tp_x$

현재 40세($x = 40$)인 남성 가입자가 25년간($n = 25$) 해당 연금을 받는다고 가정해보자.

이 예제에서는 남성생명표를 적용한다. 그리고 $\ddot{a}_{x:n}$은 40세의 남성이 25년의 수령기간 동안 매년 초에 연금으로 지급된 단위연금 1만원의 실질가치의 총합계이다.

남성생명표에서 $l_x$ 정보를 불러오고, 남성의 생존확률 벡터인 ${}_tp_x$를 생성하자.

```
# 연령변수 생성 (1세부터 100세까지)
x <- 1:100
x

...1장의 lifetablelx 사용자정의함수 참고...

# 사용자정의함수 'lifetablelx'에 남성의 생명표 'M' 입력

lx <- lifetablelx('M')
lx

# 생존확률 벡터 tpx 생성하기

divlx <- lx[x]/lx[40]
divlx <- divlx[40:64]
divlx
```

'$x$'는 콜론(colon) 연산자 ' : '를 사용하여 1부터 100까지 생성한 연령 벡터이다.

'divlx'는 40세부터 64세까지 $l_x$ 값을 각각 40세의 $l_x$ 값으로 나눈 결과, 즉 40세 기준으로 각각의 연령까지 생존확률을 나타내는 벡터이다. 벡터 안의 원소는 대괄호 '[ ]' 안에 숫자를 입력하여 불러올 수 있다.

'divlx'는 40세부터 64세까지의 생존확률이며 65세는 포함하지 않는다.

그리고 화폐의 시간가치를 계산하는 벡터 'vn'을 생성한다. 마지막으로 'vn'과 'divlx' 두 벡터를 곱하고 그 결과를 'sum' 함수로 합산한다.

```
# 현가계수 벡터 생성

vn <- (1+0.0325)^-(0:24)
vn

# 현가계수와 사망확률을 곱하여 계리현가계수를 구한 뒤 전체합계 계산하기

äxn <- sum(vn*divlx)
äxn
```

위의 코드를 실행하면 [그림 66]과 같은 결과가 출력된다.

```
Console   Terminal ×   Background Jobs ×                        — ☐
 R  R 4.3.1 · ~/R for pension/
>
> lx <- lifetablelx('M')
> lx
  [1] 99728 99708 99692 99680 99671 99664 99657 99650 99643 99636 99628
 [12] 99619 99609 99598 99584 99565 99541 99512 99492 99451 99420 99385
 [23] 99348 99307 99261 99212 99160 99106 99049 98990 98928 98864 98798
 [34] 98727 98650 98566 98476 98381 98282 98177 98065 97944 97812 97666
 [45] 97506 97327 97129 96910 96671 96409 96122 95809 95469 95101 94701
 [56] 94268 93801 93297 92755 92175 91555 90897 90195 89443 88632 87751
 [67] 86795 85749 84607 83368 82019 80570 79009 77327 75489 73435 71112
 [78] 68511 65653 62569 59264 55725 51936 47929 43775 39525 35240 30987
 [89] 26837 22861 19128 15694 12608  9900  7586  5662  4108  2893  1973
[100]  1301
>
> divlx <- lx[x]/lx[40]
> divlx <- divlx[40:64]
> divlx
  [1] 1.0000000 0.9988592 0.9976267 0.9962822 0.9947951 0.9931654 0.9913422
  [8] 0.9893254 0.9870947 0.9846604 0.9819917 0.9790684 0.9758803 0.9724172
 [15] 0.9686688 0.9645946 0.9601842 0.9554274 0.9502939 0.9447732 0.9388655
 [22] 0.9325504 0.9258482 0.9186979 0.9110382
>
> vn <- (1+0.0325)^-(0:24)
> vn
  [1] 1.0000000 0.9685230 0.9380368 0.9085102 0.8799130 0.8522160 0.8253908
  [8] 0.7994100 0.7742470 0.7498760 0.7262722 0.7034113 0.6812700 0.6598257
 [15] 0.6390564 0.6189408 0.5994584 0.5805892 0.5623140 0.5446141 0.5274713
 [22] 0.5108680 0.4947874 0.4792130 0.4641288
>
> äxn <- sum(vn*divlx)
> äxn
[1] 17.03827
>
```

:: 그림 66. 1인 가입자 기시급 정기생명연금의 자본가치 계산

[그림 66]에 출력된 결과를 해석해보자. 여기 'divlx'는 40세를 기준으로 40세부터 64세까지의 생존확률을 나타낸 벡터이며, 'vn'은 현가계수 벡터이다. vn*divlx 벡터의 전체 요소의 합계인 äxn = 17.03827은 40세의 남성 가입자가 64세까지 25년간 매년 초에 1만원을 연금으로 지급받는다고 가정할 때, 수령한 전체 연금의 실질가치 또는 계리현가가 약 17.04만원임을 나타낸다.

Environment 창에는 다음 값들이 표시된다.

:: 그림 67. 정기생명연금의 자본가치 계산에 사용된 벡터

마지막으로 생명표, 은퇴연령, 사망연령, 이자율의 정보로 정기생명연금을 계산하는 사용자정의함수 'AXN'을 만들어보자.

```
AXN <- function (table, age, endage, i) {
...
}
```

사용자정의함수 AXN 코드:

```
# 정기생명연금 자본가치 계산 사용자정의함수(AXN)
# table : 생명표 종류
# age : 은퇴연령
# endage : 사망연령
# i : 현재가치 이자율


rm(list = ls())

AXN <- function(table, age, endage, i) {
  n <- 1:100
  if(table=='F') {
    lx_female_temp = read_excel("mortality.xls",
                                sheet = "2020_mortality",
                                range = cell_cols("K"))
    lx = as.vector(t(lx_female_temp[-1,])) # 0세의 lx값 제외
    lx
  } else if(table=='M') {
```

```
      lx_male_temp = read_excel("mortality.xls",
                                sheet = "2020_mortality",
                                range = cell_cols("L"))
      lx = as.vector(t(lx_female_temp[-1,])) # 0세의 lx값 제외
      lx
    } else if(table=='T'){
      lx_total_temp = read_excel("mortality.xls",
                                 sheet = "2020_mortality",
                                 range = cell_cols("M"))
      lx = as.vector(t(lx_female_temp[-1,])) # 0세의 lx값 제외
      lx
    } else{
      warning("생명표가 올바르게 지정되지 않았습니다!")
    }
    lx <- as.integer(lx)

    divlx <- lx[n]/lx[age]
    divlx <- divlx[age:(endage-1)]
    divlx

    vn <- (1+i)^-(0:(endage-age-1))
    vn
    sum(vn*divlx)
}
```

실행 결과는 [그림 68]과 같다.

```
Console   Terminal ×   Background Jobs ×
R  R 4.3.1 · ~/R for pension/
>
> Ftable <- 'M' # 여성 : 'F', 남성 : 'M', 전체 : 'T'
> Fage <- 40     # 은퇴연령
> Fendage <- 65 # 사망연령
> Fi <- 0.0325  # 현재가치 이자율
> AXN(Ftable, Fage, Fendage, Fi)
[1] 17.03827
>
```

∷ 그림 68. 정기생명연금의 자본가치 계산(사용자정의 함수: AXN)

# 제 4 장

# 기대수명 계산하기

연금계리에서 사용하는 생명표는 통계적으로 유의할 뿐만 아니라 실제로 관측되는 수명을 대표할 수 있어야 한다. 오늘날의 고도로 발전한 의학지식과 통계데이터, 그리고 각종 예측기법에도 불구하고 특정 개인의 기대여명을 예측하는 것은 거의 불가능하다. 사망률이나 기대여명은 개인을 둘러싼 수많은 요소와 환경에 의해 결정되기 때문이다.

게다가 역사적 데이터로부터 작성된 생명표는 사망률이 시간에 따라 일정하게 유지되거나 미래에 확률적인 변화가 있다는 가설을 취하고 있다. 하지만 생명표는 실제로 관찰되는 것과는 조금 거리가 있다. 이러한 예측은 통계적으로 타당할 수는 있지만 생활에서 나타나는 현상에 반응하는 인간의 실제 행동은 반영하지 못할 수 있다.

이런 제약에도 불구하고, 안정적인 연금제도를 설계하는데 필요한 요소 중 하나인 기대수명에 대해, 비록 대략적인 수치이지만, 현실적인 추정치를 구하는 것은 매우 중요하다.

## (1) 주요 가정과 정의

기대여명의 예측에서 사용할 계리적 기호는 다음과 같다.

· $T_x$ : 현재 $x$세인 개인의 여명(future lifetime)을 나타내는 연속적 확률변수 (continuous stochastic variable)

· $x + T_x$ : 현재 $x$세인 개인이 사망한 연령

· prob(.) : 확률측도(probability measure)

계리학에서 위 기호들의 표기법과 정의는 다음과 같다.

<F.4.1> $\qquad prob(T_x \leq 1) = q_x$

<F.4.2> $\qquad prob(T_x > 1) = 1 - q_x = p_x$

그리고

· $q_x$는 $x$세에 생존해 있는 개인이 1년 안에 사망할 확률

· $p_x$는 $x$세에 생존해 있는 개인이 $x + 1$세에 생존할 확률

개산여명[29](curtate future lifetime) $K_x$는 정수로 표현된 기대여명이자 $T_x$의 정수 부분으로 정의한다.

<F.4.3.> $\qquad K_x = integer(T_x)$

<F.4.4.> $\qquad prob(K_x = k) = prob(k \leq T_x < k+1) = {}_kp_x \times q_{x+k} =$

$\qquad\qquad\qquad {}_kp_x - {}_{k+1}p_x$

· ${}_kp_x$는 $x$세에 생존해 있는 개인이 $x + k$세에 생존해 있을 확률

일반적인 계리적 표기법으로는

<F.4.5.> $\qquad {}_kp_x = \Pi_{j=0}^{k-1} p_{x+j} = p_x \times p_{x+1} \times p_{x+2} \times \cdots \times p_{x+k-1}$

연금수리학에서 개산기대수명(curtate life expectancy)은 개산여명(curtate future lifetime)의 기대값으로 정의된다.

<F.4.7.> $\qquad E(K_x) = \sum_{k=0}^{\infty} \quad k \times prob(K_x = k) = \sum_{k=1}^{\infty} {}_kp_x$

---

29) 정수 단위의 기대여명, 예를 들어 20년 9개월 간 생존이 기대되는 사람의 개산여명은 20년이다.

그리고 한 해의 중간 시점에 사망한다는 가정을 취하면 남아있는 기대여명의 근사치를 얻을 수가 있다.

<F.4.8.>　　　$E(T_x) \sim E(K_x) + 0.5$

물론 사망률 통계의 집계과정에서 취한 가정도 계산 결과에 중대한 영향을 미칠 수 있다.

이제 1장에서 계산한 원시사망률과 국민생명표의 사망확률로 기대여명을 계산하고 둘의 결과를 비교해보자.

## (2) 원시사망률로 기대수명 계산하기

1장에서 국내 원시사망률을 작성하여 R에서 데이터를 읽어보았다.

R에서 새 스크립트를 열고, 작업 디렉토리를 지정한 후 기대수명 계산작업에 대한 주석을 달아보자.

연령 벡터 '$x$'를 생성하고, 전체 원시사망률 'RMx_total'로 '$q_x$' 벡터를 작성해보자. 그리고 등식 <F.4.2.>을 활용하여 벡터 '$p_x$' 생성하고, '$q_x$'와 '$p_x$'를 출력해보자.

```
# 2020년 원시사망률로 기대수명 계산하기
# 출처:
# https://mortality.org/File/Download/hmd.v6/zip/by_country/KOR.zip
# https://kosis.kr/statHtml/statHtml.do?orgId=101&tblId=DT_1B42&conn_path=I2

# x: 연령
# RMx: 원시사망률계수
# qx: x세에 생존한 개인이 1년 안에 사망할 확률
# px: x세에 생존한 개인이 x+1세에 생존할 확률

# 연령벡터 생성

x <- 0:109
x

# 사망확률 qx
RMx_total_temp = read_excel("mortality.xls",
                            sheet = "2020_mortality",
```

```
                              range = cell_cols("J"))
qx = as.vector(t(RMx_total_temp))
qx

# 생존확률 px
px <- 1-qx
px
```

'readxl' 패키지와 't' 명령어를 사용하여 행을 열로 바꾸는 방법은 페이지 66 에서 확인할 수 있다. 위 코드의 실행 결과는 [그림 69]와 같다.

:: 그림 69. Console에 표시된 사망률 벡터 'qx'

벡터화[30]를 활용한 R의 계산능력은 기대여명의 계산과 벡터의 누적곱(cumulative product) 명령어인 'cumprod'에서 그 힘을 발휘한다.

Console에서 객체에 대한 도움말 기능('help(.)' 또는 '?')을 사용하거나, 명령어를 드래그 한 뒤 F1키를 누르면 도움말을 불러올 수 있다. 'cumprod' 함수에 대한 도움말을 확인해보자.

숫자(numeric) 벡터에 적용되는 'cumprod' 명령어는 벡터 원소의 누적곱을 계산하여 결과를 반환해준다.

R에서 다음과 같이 코드를 만들어 보자.

변수 'i'에 이자율 3.25%를 할당한다. 'v'는 $(1+i)$의 역수로 현가계수이다. 따라서 변수 'z'는 5년간의 시간가치를 할인하는 값이며, 이는 'cumprod' 함수로 작성할 수 있다.

```
i <- 0.0325
v <- 1/(1+i)
v

w <- c(rep(v, 5))
w

z <- cumprod(w)
z

v^5
```

'comprod' 명령어를 실행하면 벡터 'w'의 원소 누적곱 계산결과인 벡터 'z'를 반환한다. 여기에서 'v'값은 상수이므로 벡터 'z'의 5번째 원소는 'v'값을 다섯번 거듭제곱한 결과와 같다.

---

30) R은 벡터화를 통해 각 요소를 병렬적으로 계산, 즉 for나 loop 같은 반복되는 연산을 제거하여 한 번에 각 요소의 연산을 효율적으로 수행한다.

:: 그림 70. 'cumprod' 함수의 사용 예시

이제 모든 연령의 기대여명을 계산할 수 있다. 'cumprod' 함수로 출생 시 (x=0) 기대수명을 계산해보자.

출생 시 연령인 0을 변수 'age'에 할당하고, 'cumprod' 함수와 등식 <F.4.5.>와 <F.4.8.>을 사용하여 벡터 'kpx'를 작성해보자.

출생 시 1년간 생존확률은 벡터 'px'의 요소 중 첫번째 [1]에 위치하고 있다. 'comprod' 함수를 사용하여 [age+1]부터 벡터 'px'의 마지막 연령까지 생존확률의 누적곱 벡터 'kpx'를 구할 수 있다.

```
# 원시사망률로 0세 기대여명 계산

age <- 0
kpx <- cumprod(px[(age+1):length(px)])31)

sum(kpx) + 0.5
```

---

31) 변수 'age'에 0을 할당하면 age+1의 값은 1이 된다. 따라서 px[(age+1)]은 벡터 px에서 첫번째 값 [1]을 출력하며, length() 함수는 벡터의 길이를 출력하므로 px[length()]은 벡터 px에서 마지막 값을 출력한다. 따라서 cumprod(px[(age+1):length(px)]) 코드는 벡터 px의 첫번째 값에서 마지막 값까지 누적곱을 결과로 출력한다.

[그림 71]은 위의 코드를 실행한 결과이다. 이 결과를 해석하면 2020년 원시 사망률 기준으로 우리나라에서 출생한 아이의 기대수명은 약 83.19세라는 것을 의미한다.

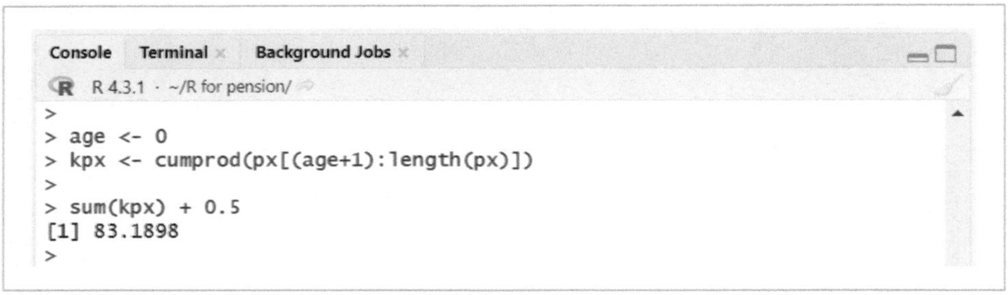

```
Console    Terminal ×    Background Jobs ×
R  R 4.3.1 · ~/R for pension/
>
> age <- 0
> kpx <- cumprod(px[(age+1):length(px)])
>
> sum(kpx) + 0.5
[1] 83.1898
>
```

그림 71. 원시사망률로 계산한 기대수명 계산결과

## (3) 국민생명표로 기대수명 계산하기

이제 통계청이 공시한 국민생명표로 기대여명을 계산해보자.

새 스크립트를 열고, 작업 디렉토리를 설정한 후 주석을 추가하자.

2020년 국민생명표의 생존함수로 벡터 'px'를 계산한다. 1장에서 작성했던 사용자정의함수 'lifetablelx'로 국민생명표의 생존함수를 호출할 수 있다.

```
# 국민생명표 생존함수로 기대여명 계산하기

...1장의 lifetablelx 사용자정의함수 참고...

# 사용자정의함수 'lifetablelx'에 전체의 생명표 'T' 입력

lx <- lifetablelx('T')
px <- 0:100

# 생존확률 벡터 생성하기

for(n in(1:101)) {
  if(lx[n]==0) {
    px[n] <- 0
  } else{
    px[n] = lx[n+1]/lx[n]
  }
}
```

```
# 기대수명 계산

age <- 0
kpx <- cumprod(px[(age+1):100])

sum(kpx)+0.5
```

누적곱 함수 'cumprod'를 활용하면 'kpx'를 계산할 수 있다. 국민생명표의 사망확률 정보로 계산한 우리나라 국민의 기대수명은 83.42세로 원시사망률로 계산한 기대수명 83.19세와 약간의 차이가 있음을 확인할 수 있다.

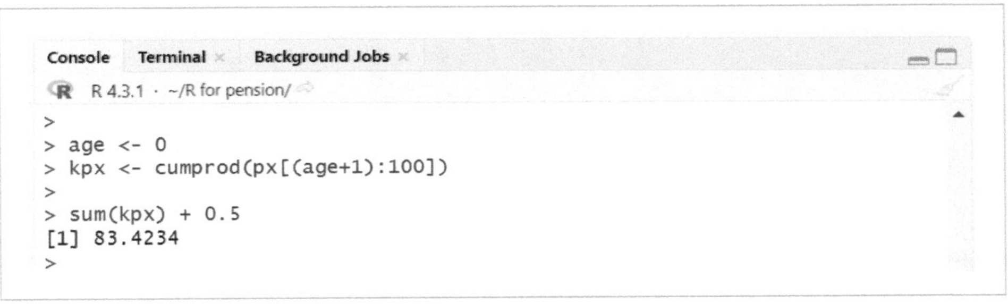

```
Console  Terminal ×  Background Jobs ×

R  R 4.3.1 · ~/R for pension/

>
> age <- 0
> kpx <- cumprod(px[(age+1):100])
>
> sum(kpx) + 0.5
[1] 83.4234
>
```

그림 72. 국민생명표로 계산한 기대수명 계산결과

# 연금재원적립의 시간궤적 계산하기
## (책임준비금)

5장에서는 시간에 따라 연금재원이 적립되는 궤적과 필요한 연금보험료를 R로 계산할 것이다.

은퇴 후 약정된 연금을 지급하기 위해 필요한 연금재원을 적립하는 방법은 비용을 구조화하여 은퇴 전 근로기간에 걸쳐 분산하여 사용자(고용주)나 가입자에게 부담시키는 것이다.

이 장의 목적은 연금재원을 적립하는 과정에서 요구되는 책임준비금(reserves)의 규모를 R에서 계산하는 것이다. 연금재원적립의 방식은 연납보험료방식(annual premium)을 사용하였다.

연금재원의 적립과정을 구성하는 연금수리적 원리에 대해 알기 원한다면 저자의 '비즈니스 연금수리학' 제2장을 참조하기 바란다.

## (1) 연납보험료로 적립되는 연기연금[32](deferred pension)에서 수지상등의 원칙

수지상등의 원칙(Actuarial Equivalence)을 표현하기 위한 계리적 기호는 다음과 같다.

· $C_0$: 시간 $t = 0$의 계리조건으로 계산된 연금자산[33](pension capital)

---

32) 수급조건을 충족하였지만 수급자 본인의 선택으로 연금수급을 연기할 수 있는 제도

· $P_0$: 시간 $t=0$의 연금보험료 (또는 부담금)
· $c$: 연금보험료 중 운영비용(cost) 비율

$t=0$에서 은퇴까지 $n$년의 기간을 고려한 수지상등의 원칙은 다음 식으로 표현될 수 있다.

$$<\text{F.5.1.}> \qquad C_0 \times {_n}E_x = P_0 \times (1-c) \times \ddot{a}_{x:n}$$

$$<\text{F.5.2.}> \qquad \text{또는} \qquad P_0 = \frac{C_0 \times {_n}E_x}{(1-c) \times \ddot{a}_{x:n}}$$

$$<\text{F.5.3.}> \qquad \text{또는} \qquad C_0 = \frac{P_0 \times (1-c) \times \ddot{a}_{x:n}}{{_n}E_x}$$

따라서, <F.5.1.>등식에서 $x$세의 가입자에게 $n$년 후 적립 또는 지급되는 연금자산 $C_0$의 실질가치는 동일한 가입자가 $n$년까지 매년 초에 납부한 부담금 또는 연금보험료를 운영비용 공제 후 합산한 금액의 실질가치와 동일하다. 다시 말해, 이 등식은 $t=0$ 시점에 연금사업자(pension provider)가 연금을 지급할 약정의 계리현가와 고용주(plan sponsor)가 부담금을 납입할 의무의 계리현가는 동등함을 의미하며, 이를 수지상등의 원칙이라고 한다.

<F.5.1.>등식은 연금급여의 수준이 사전에 확정된 <F.5.2.>확정급여형 (Defined Benefit; DB)의 부담금 또는 연금보험료 계산에 사용될 뿐만 아니라, 부담금 또는 연금보험료가 사전에 결정된 연금제도인 <F.5.3.>확정기여형 (Defined Contribution; DC)의 연금급여를 계산하는데도 사용된다.

$t=0$ 시점의 연간부담률(annual contribution rate)은 다음과 같이 표시될 수 있다.

$ACR_0$: $t=0$ 시점의 연간부담률

---

33) $t$ 시점의 연금요율구조의 정보에 따라 은퇴 시점에 적립되는 자산을 의미한다.

$$<\text{F.5.4.}> \qquad ACR_0 = \frac{(1-c) \times \ddot{a}_{x:n}}{{}_nE_x}$$

$ACR_0$ 또는 연간부담률이란 $t=0$ 시점에 $x$세인 가입자에게 $n$년까지 적립하여 지급하는 연금자산의 실질가치를 $n$년까지 매년 1의 기시급 연금보험료를 납입한 합계의 실질가치와 동일하게 만드는 비율이다.

따라서

$$<\text{F.5.5.}> \qquad C_0 = P_0 \times ACR_0 \quad \text{or} \quad P_0 = C_0 / ACR_0$$

$<\text{F.5.5.}>$ 등식은 부담금과 연금자산을 하나의 등식으로 연결한 연금요율구조(tariff structure)이다.

## (2) 매년 갱신되는 연납평준보험료[34](annual level premium) 비용방식

연금자산 $C_0$는 연금제도의 설계에 따라 다르게 산정된다. 연금보험료 $P_0$는 $t=0$ 시점에 주어진 계리적 정보에 기초하여 수지상등의 원칙에 따라 산출된다. $t=1$ 시점에 관련된 계리적 정보가 변경되었다고 가정해보자.

$C_1$는 연금제도의 설계와 변경된 모수에 따라 재계산 된다. $P_0$는 $t=0$ 시점의 수지상등의 원칙에 의해 산출되었고, $P_1$는 $t=1$시점의 연금채무의 증분 차이(difference in increment)를 반영하여 수지상등의 원칙에 따라 재산출된다.

따라서, 개인의 연납평준보험료(annual level premium)는 다음 등식을 사용하여 계산된다.

$$<\text{F.5.6.}> \qquad P_1 = P_0 + (C_1 - C_0) / ACR_1$$

이 등식에 따라 연금보험료는 $t$의 시점에 따라 계속 변경되며, 이 계산작업은 연금의 운용관리업무를 수행하는 연금사업자의 주요 업무이기도 하다.

---

34) 평준보험료(level premium)는 계약의 기간동안 납입하는 보험료가 일정하게 유지되는 방식으로 주로 보험에서 사용되는 용어이다. 하지만 연금의 경우 계약의 기간보다는 연단위로 연금보험료(부담금)가 일정하게 유지된다는 의미로 쓰이며, 적립과정에서 매년 연금요율구조(예: 임금의 변화)가 바뀌면서 동시에 연금보험료도 변경된다.

연금요율구조에 기초한 책임준비금의 계산은 어느 시점에도 가능하다. 책임준비금의 계산을 통해서 부담금 또는 연금보험료는 징수하였지만 미래에 은퇴할 가입자에게 연금을 지급할 책임을 갖는 연금사업자와 근로자(가입자)의 과거 근속기간 동안 부담금 납부를 완료한 사용자(고용주) 사이에 발생한 채무의 차이를 알 수 있다.

일반적으로 책임준비금은 $V(t)$, 또는 연금수급권(vesting issues, R2)으로 표시되며, 이는 어느 시점에 연금사업자가 미래에 연금을 지급해야 하는 약정의 계리현가와 사용자(고용주)가 아직 납부해야 하는 미래의 보험료 납부의무의 계리현가 간의 차액이다.

$$<\text{F.5.7.}> \qquad V(t) = C_t \times {}_{n-t}E_{x+t} - P_t \times (1-c) \times \ddot{a}_{x+t:\overline{n-t}} \text{ for } t < n$$

$<\text{F.5.7.}>$ 등식에서 $C_t$와 $P_t$는 $t$ 또는 $t-1$시점의 변화량에 기초하여 계산된다.

보통 $U(t)$로 표시되는 납부가 완료된 가치(paid-up value)는 연금수급이 가능해진 연령이자 연금보험료 납입이 종료되는 $t$시점에서 평가된 연금자산의 가치를 의미한다.

$$<\text{F.5.8.}> \qquad U(t) = C_t - \frac{P_t \times (1-c) \times \ddot{a}_{x+t:\overline{n-t}}}{{}_{n-t}E_{x+t}}$$

또는 $<\text{F.5.4}>$등식에서 연간부담률로 치환하면 $<\text{F.5.8.}>$ 등식은 다음과 같이 표현될 수 있다.

$$<\text{F.5.9.}> \qquad U(t) = C_t - P_t \times ACR_t$$

## (3) 실무 적용

실무의 예를 들어보자. 다음의 식에 따라 연금자산 $C_t$가 은퇴 시점에 적립된다고 가정해보자.

$$<\text{F.5.10.}> \qquad C_t = \frac{N}{40} \times (2 \times S1_t + 8 \times S2_t)$$

연금자산 $C_t$는 급여와 유사하게 시간의 함수이므로 근로자의 근속기간(N)에 비례하고 40년을 최대값으로 가진다.

S1은 급여에서 상한(ceiling)을 초과하지 않는 하단부분(lower)의 급여액이며, S2는 급여에서 상한을 초과하는 상단부분(upper)의 급여액을 의미한다.

<F.5.11.>　　$S1 = MIN(S, ceiling)$

<F.5.12.>　　$S2 = MAX(0, S - ceiling)$

<F.5.13.>　　$S = S1 + S2$

보통 급여 S는 연금 계약서에 정의되어 있다.

다음과 같은 요율구조를 제안하는 연금사업자와 연금약정 계약을 맺었다고 가정해보자.

· 개별적립방식(Individual capitalisation)[35]
· 이자율 3.25%
· 보험료의 5%에 해당하는 운영비용
· 통계청의 국민생명표
· 기시납입 연납보험료

부담금은 사용자(고용주)가 납부하지만, 가입자 또한 일부를 부담한다.

· 가입자의 부담률: 급여(연봉)의 2%
· 사용자(고용주)의 부담률: 나머지 비용 부담

가입자 정보: 만 30세에 가입한 대한민국 여성

· 입사 시 급여(연봉) 5,000만원과 상한 3,000만원
· 생년월일: 1960년 1월 1일
· 가입일: 1990년 1월 1일

---

35) 다른 가입자와 연대(solidarity) 없이 연금자산의 적립이나 연금인출이 독립적으로 이루어짐을 의미한다.

·근속기간: 만기까지 100%

기타 가정

·급여(연봉)인상: 매년 4%씩 인상

·물가상승(상한에도 적용): 매년 2%씩 증가

이제 연금자산, 연금보험료, 그리고 책임준비금 계산에 필요한 모든 정보가
준비되었다.

| | A | B | C | D | E | F | G | H | I |
|---|---|---|---|---|---|---|---|---|---|
| 1 | Plotage | C | PC | CC | PA | CA | RESC | RESA | RES |
| 2 | 30 | 19,250 | 100 | 6,448 | 199 | 12,802 | 0 | - | 0 |
| 3 | 31 | 20,335 | 104 | 6,693 | 212 | 13,642 | 98 | 195 | 293 |
| 4 | 32 | 21,470 | 108 | 6,937 | 227 | 14,533 | 203 | 409 | 613 |
| 5 | 33 | 22,656 | 112 | 7,177 | 244 | 15,479 | 316 | 646 | 962 |
| 6 | 34 | 23,897 | 117 | 7,415 | 263 | 16,481 | 437 | 907 | 1,344 |
| 7 | 35 | 25,194 | 122 | 7,650 | 285 | 17,543 | 566 | 1,196 | 1,762 |
| 8 | 36 | 26,549 | 127 | 7,882 | 308 | 18,667 | 704 | 1,515 | 2,219 |
| 9 | 37 | 27,966 | 132 | 8,110 | 335 | 19,856 | 852 | 1,867 | 2,719 |
| 10 | 38 | 29,446 | 137 | 8,334 | 364 | 21,112 | 1,009 | 2,257 | 3,267 |
| 11 | 39 | 30,993 | 142 | 8,555 | 397 | 22,438 | 1,177 | 2,690 | 3,867 |
| 12 | 40 | 32,609 | 148 | 8,772 | 434 | 23,838 | 1,356 | 3,168 | 4,524 |
| 13 | 41 | 34,298 | 154 | 8,984 | 475 | 25,314 | 1,546 | 3,699 | 5,245 |
| 14 | 42 | 36,061 | 160 | 9,191 | 521 | 26,870 | 1,749 | 4,288 | 6,037 |
| 15 | 43 | 37,903 | 167 | 9,394 | 573 | 28,509 | 1,964 | 4,943 | 6,907 |
| 16 | 44 | 39,827 | 173 | 9,592 | 631 | 30,235 | 2,193 | 5,670 | 7,863 |
| 17 | 45 | 41,836 | 180 | 9,784 | 697 | 32,052 | 2,436 | 6,479 | 8,915 |
| 18 | 46 | 43,933 | 187 | 9,970 | 771 | 33,963 | 2,695 | 7,380 | 10,074 |
| 19 | 47 | 46,123 | 195 | 10,150 | 854 | 35,973 | 2,969 | 8,384 | 11,353 |
| 20 | 48 | 48,409 | 203 | 10,324 | 949 | 38,085 | 3,260 | 9,505 | 12,765 |
| 21 | 49 | 50,795 | 211 | 10,491 | 1,057 | 40,304 | 3,569 | 10,757 | 14,326 |
| 22 | 50 | 53,286 | 219 | 10,650 | 1,180 | 42,635 | 3,897 | 12,158 | 16,055 |
| 23 | 51 | 55,885 | 228 | 10,803 | 1,320 | 45,082 | 4,244 | 13,728 | 17,972 |
| 24 | 52 | 58,598 | 237 | 10,947 | 1,482 | 47,651 | 4,611 | 15,490 | 20,102 |
| 25 | 53 | 61,429 | 246 | 11,083 | 1,670 | 50,345 | 5,001 | 17,473 | 22,474 |
| 26 | 54 | 64,383 | 256 | 11,211 | 1,888 | 53,172 | 5,413 | 19,709 | 25,123 |
| 27 | 55 | 67,465 | 267 | 11,329 | 2,145 | 56,135 | 5,850 | 22,239 | 28,089 |
| 28 | 56 | 70,680 | 277 | 11,438 | 2,449 | 59,242 | 6,313 | 25,109 | 31,422 |
| 29 | 57 | 74,034 | 288 | 11,537 | 2,815 | 62,497 | 6,803 | 28,380 | 35,183 |
| 30 | 58 | 77,533 | 300 | 11,625 | 3,260 | 65,908 | 7,321 | 32,126 | 39,447 |
| 31 | 59 | 81,183 | 312 | 11,703 | 3,813 | 69,480 | 7,869 | 36,444 | 44,313 |
| 32 | 60 | 84,990 | 324 | 11,769 | 4,522 | 73,221 | 8,450 | 41,462 | 49,912 |
| 33 | 61 | 88,960 | 337 | 11,823 | 5,465 | 77,138 | 9,065 | 47,359 | 56,424 |
| 34 | 62 | 93,101 | 351 | 11,864 | 6,806 | 81,237 | 9,715 | 54,399 | 64,114 |
| 35 | 63 | 97,418 | 365 | 11,892 | 8,947 | 85,526 | 10,404 | 63,017 | 73,421 |
| 36 | 64 | 101,920 | 379 | 11,906 | 13,507 | 90,014 | 11,133 | 74,064 | 85,197 |

그림 73. 책임준비금과 연금보험료의 추이 예상결과

## (4) 연금보험료 및 책임준비금의 시간궤적 계산

R에서 새 스크립트를 열고 작업 디렉토리를 지정한 후 스크립트의 목적을 설명하는 주석을 추가하자.

이제 3장에서 소개한 1인 가입자의 정기생명연금을 계산하는 사용자정의함수를 작성해보자. 그리고 2장에서 배운 원리에 기초하여 사망률이 반영된 단위연금으로 순수생존보험을 가격을 계산하는 사용자정의함수도 작성해보자.

이번 실습에서는 국민생명표의 사망확률 정보를 사용하며, 가입자의 연금납입 개시연령과 종료연령도 지정한다.

화폐의 시간가치 이자율은 3.25%로 지정하고, 연금납입 종료연령에서 가입연령을 차감하여 연금보험료를 납입하는 기간을 계산한다.

```
Ftable <- 'F' # 사망률표 선택
Initage <- 30
Fendage <- 65
Fi <- 0.0325
N <- Fendage-Initage
```

이제 각 변수의 벡터를 생성하자.

S, S1, S2는 각각 급여(salary), 급여의 하단부분(salary limited), 급여의 상단부분(above ceiling), 그리고 CL은 상한(ceiling)을 의미한다.

C, CA, CC는 연금자산으로 전체, 사용자, 근로자가 각각 적립할 부분을 나타낸다.

PA, PC는 사용자(고용주)와 근로자(가입자)의 연금보험료 부담분을 나타낸다.

RES, RESA, RESC는 책임준비금으로 전체, 사용자, 근로자에 의해 각각 적립될 부분을 뜻한다.

이 실습의 목적은 시간의 함수에 따른 책임준비금의 추이를 시각화 하려는 것이다.

연결 또는 결합의 기능을 가진 일반함수 'c'와 시간경로 벡터에 0을 반복해서 출력하는 함수 'rep'을 사용하여 벡터를 초기 설정한다.

```
# 급여, 연금자산, 연금보험료, 책임준비금 벡터의 초기화

S<- c(rep(0, N))
S1<- c(rep(0, N))
S2<- c(rep(0, N))
CL<- c(rep(0, N))
C<- c(rep(0, N))
PC<- c(rep(0, N))
PA<- c(rep(0, N))
CC<- c(rep(0, N))
CA<- c(rep(0, N))
RESC<- c(rep(0, N))
RESA<- c(rep(0, N))
RES<- c(rep(0, N))
```

급여(g1)와 상한(g2)의 인상률을 할당하고, 급여에 근로자 부담비율(pct)과 부담금 중 운영비용비율(cost)을 지정한다.

```
# 기타 입력모수

g1 <- 0.04
g2 <- 0.02
pct <- 0.02
cost <- 0.05
```

연금제도의 설계와 연금자산에 기초한 $t = 0$ 시점의 모든 계리적 요소, 즉 각 벡터 [1]의 위치에 있는 모든 요소를 계산해보자.

```
# t=0 시점(벡터 [1])의 계리적 요소 계산

S[1] <- 5000
CL[1] <- 3000
if (S[1]>CL[1]) S1[1] = CL[1] else S1[1] = S[1]
if (S[1]>CL[1]) S2[1] = S[1]-CL[1] else S2[1] <- 0

C[1] <- (N/40)*(2*S1[1]+8*S2[1])
PC[1] <- pct*S[1]
```

$t = 0$ 시점의 계리적 요소를 계산하기 위한 사용자정의함수 'AXN'과 'EXN'을 작성하고, <F.5.4.> 등식을 사용하여 연간부담률 $ACR_0$을 계산한다.

그리고 <F.5.5.> 등식에 따라 연금자산을 계산한다.

```
# t=0 시점의 연간부담률과 연금자산 계산

R1 <- AXN(Ftable, Initage, Fendage, Fi)
R2 <- EXN(Ftable, Initage, Fendage, Fi)
ACR <- (1-cost)*R1/R2

CC[1] <- PC[1]*ACR
CA[1] <- C[1]-CC[1]
PA[1] <- CA[1]/ACR
```

책임준비금은 등식 <F.5.7.>에 따라 계산할 수 있다.

```
# t=0 시점의 책임준비금 계산

RESA[1] <- (CA[1]*R2)-(PA[1]*R1*(1-cost))
RESC[1] <- (CC[1]*R2)-(PC[1]*R1*(1-cost))
RES[1] <- RESA[1]+RESC[1]
```

시간에 따른 책임준비금 적립의 궤적을 완성하기 위해 계산을 반복한다. 이 계산에는 조건문 while이 사용된다.

비록 이 실습에서 완전히 활용되지 않았지만 R프로그래밍의 벡터화를 사용했다면 계산과정이 보다 효율적이었을 것이다. 여기에서는 논리의 흐름을 보여주기 위해 일반적인 예를 들었다.

마지막으로 시간에 따른 연금보험료와 책임준비금의 추이를 보여주는 간단한 그래프를 추가한다.

```
# 연금보험료 추이 그래프

options(scipen = 10)

P <- PA+PC

Plotage <- c(Initage:(Fendage-1))
plot(Plotage, P,
     main = "연금보험료 추이(년)",
```

```
     xlab = "연령(세)",
     ylab = "연금보험료(만원)",
     lty = 1,
     type = "S")
lines(Plotage, PA, lty=2, type = "S")
lines(Plotage, PC, lty=3, type = "S")

legend("topleft",
          legend = c("연금보험료(전체)",
                         "연금보험료(사용자)",
                         "연금보험료(근로자)"),
          lty = 1:3, cex = 0.8)

as.integer(P)
as.integer(PA)
as.integer(PC)

#=====================================
# 책임준비금 추이 그래프

Plotage <- c(Initage:(Fendage-1))
plot(Plotage, RES,
     main = "책임준비금 추이(년)",
     xlab = "연령(세)",
     ylab = "책임준비금(만원)",
     lty = 1,
     type = "l")
lines(Plotage, RESA, lty=2)
lines(Plotage, RESC, lty=3)
legend("topleft",
          legend = c("책임준비금(전체)",
                         "책임준비금(사용자)",
                         "책임준비금(근로자)"),
          lty = 1:3, cex = 0.8)

as.integer(RESC)
as.integer(RESA)
as.integer(RES)
```

납입할 연금보험료의 연도별 추이를 출력하면 [그림 74]와 [그림 75]와 같다.

```
Console   Terminal ×   Background Jobs ×                              _ □
R  R 4.3.1 · ~/R for pension/
>
> as.integer(PC)
 [1] 100 104 108 112 116 121 126 131 136 142 148 153 160 166 173 180 187 194
[19] 202 210 219 227 236 246 256 266 277 288 299 311 324 337 350 364 379
> as.integer(PA)
 [1]    198    212    227    244    263    284    308    334    364    396    433    474
[13]    521    572    631    696    770    854    948   1056   1179   1320   1482   1669
[25]   1888   2145   2449   2814   3259   3813   4521   5465   6805   8946  13507
> as.integer(P)
 [1]    298    316    335    356    380    406    434    466    500    539    581    628
[13]    681    739    804    876    957   1048   1151   1267   1398   1548   1719   1916
[25]   2144   2411   2726   3102   3559   4125   4846   5802   7156   9311  13886
>
```

∷ 그림 74. 연금보험료 계산 결과

　[그림 75]에 출력된 결과를 간단히 살펴보자. P는 사용자와 근로자가 35년
간 함께 매년 초 납부해야 할 연금보험료를 나타내며, PA와 PC는 사용자와 근
로자가 각자가 부담하는 부분이다. 예를 들어, 11년차에 납부해야 하는 연간
연금보험료는 581만원이며, 사용자와 근로자가 각각 433만원과 148만원을 부담
한다.

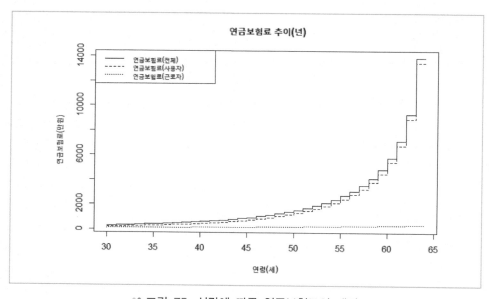

∷ 그림 75. 시간에 따른 연금보험료의 궤적

책임준비금의 연도별 추이를 출력하면 [그림 76]과 [그림 77]과 같이 출력된다.

```
Console   Terminal ×   Background Jobs ×                              _ □
R  R 4.3.1 · ~/R for pension/
>
> as.integer(RESC)
 [1]     0    98   203   316   437   566   704   851  1009  1177  1355  1546
[13]  1748  1963  2192  2436  2694  2968  3260  3569  3896  4243  4611  5000
[25]  5413  5850  6313  6802  7320  7869  8450  9064  9715 10403 11133
> as.integer(RESA)
 [1]     0   194   409   646   907  1195  1514  1867  2257  2689  3168  3699
[13]  4288  4942  5669  6478  7379  8384  9504 10757 12158 13728 15490 17473
[25] 19709 22238 25109 28380 32126 36443 41462 47359 54399 63017 74063
> as.integer(RES)
 [1]     0   292   612   962  1344  1762  2218  2719  3266  3866  4524  5245
[13]  6037  6906  7862  8915 10074 11353 12765 14326 16054 17971 20101 22473
[25] 25122 28089 31422 35182 39446 44313 49912 56423 64114 73421 85197
>
```

:: 그림 76. 책임준비금 계산 결과

[그림 76]에 출력된 결과도 간단히 살펴보자. RES는 가입자와 사용자에 의하여 35년간 적립될 책임준비금 규모의 추이를 나타내며, RESC와 RESA는 가입자와 사용자가 각각 부담하여 적립된 부분이다. 예를 들어, 11년차에 적립될 책임준비금은 총 4,524만원이며, 이 중 3,168만원과 1,355만원는 사용자와 근로자가 부담하는 부분이다.

책임준비금 4,524만원이 의미하는 것은 $t = 11$의 계리적 조건에서 은퇴시점 근로자가 받을 연금자산($C_{11}$)의 계리현가에서 11년차 이후 사용자와 근로자가 아직 납부해야 할 연금보험료 합계의 계리현가를 차감한 금액으로 볼 수 있다.

우리나라의 경우 2023년부터 시행되는 IFRS17에 따라 매년 변경되는 연금요율구조로 책임준비금을 측정하여 보험회사나 기업(사용자)의 재무상태표 자본계정의 기타포괄손익누계액과 손익계산서에서 당기손익에 보고하게 된다.

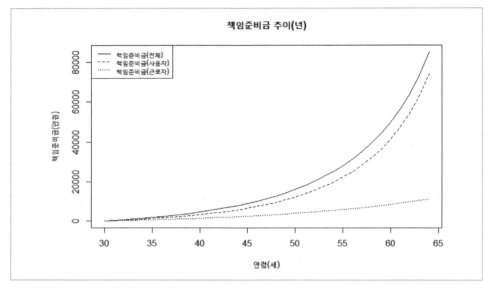

:: 그림 77. 시간에 따른 책임준비금의 궤적

## ▨ 5장 전체 코드 ▨

```
## 5장 "연금재원적립의 시간궤적 계산하기(책임준비금)" ##

rm(list = ls())
library(readxl)

setwd("~/R for pension")

#=====================================
# 기시급 정기생명연금 자본가치 계산(AXN) 사용자정의함수

AXN <- function(table, age, endage, i) {
  X <- 1:100
  if(table=='F') {
    lx_female_temp = read_excel("mortality.xls",
                                sheet = "2020_mortality",
                                range = cell_cols("K"))
    lx = as.vector(t(lx_female_temp[-1,])) # 0세의 lx값 제외
  } else if(table=='M') {
    lx_male_temp = read_excel("mortality.xls",
                              sheet = "2020_mortality",
                              range = cell_cols("L"))
    lx = as.vector(t(lx_female_temp[-1,])) # 0세의 lx값 제외
  } else if(table=='T') {
    lx_total_temp = read_excel("mortality.xls",
                               sheet = "2020_mortality",
                               range = cell_cols("M"))
    lx = as.vector(t(lx_female_temp[-1,])) # 0세의 lx값 제외
  } else{
    warning("생명표가 올바르게 지정되지 않았습니다!")
}

  lx <- as.integer(lx)

  divlx <- lx[X]/lx[age]
  divlx <- divlx[age:(endage-1)]
  divlx

  vn <- (1+i)^-(0:(endage-age-1))
  vn
  sum(vn*divlx)
}

#=====================================
# 순수생존보험 가격 계산(EXN) 사용자정의함수
```

```
EXN <- function(table, age, endage, i) {
  X <- 1:100
  if(table=='F') {
    lx_female_temp = read_excel("mortality.xls",
                                sheet = "2020_mortality",
                                range = cell_cols("K"))
    lx = as.vector(t(lx_female_temp[-1,])) # 0세의 lx값 제외
  } else if(table=='M') {
    lx_male_temp = read_excel("mortality.xls",
                              sheet = "2020_mortality",
                              range = cell_cols("L"))
    lx = as.vector(t(lx_female_temp[-1,])) # 0세의 lx값 제외
  } else if(table=='T') {
    lx_total_temp = read_excel("mortality.xls",
                               sheet = "2020_mortality",
                               range = cell_cols("M"))
    lx = as.vector(t(lx_female_temp[-1,])) # 0세의 lx값 제외
  } else{
    warning("생명표가 올바르게 지정되지 않았습니다!")
  }
  lx <- as.integer(lx)

  v <- 1/(1+i)
  n <- endage-age
  vn <- (v^n)
  npx <- lx[endage]/lx[age]
  nEx <- vn*npx
}

#=====================================
# 사망률표 선택

Ftable <-'F'

# 연령조건 및 이자율 입력

Initage <- 30
Fendage <- 65
Fi <- 0.0325
N <- Fendage-Initage

# 급여, 연금자산, 연금보험료, 책임준비금 벡터의 초기화

S <- c(rep(0, N))
S1 <- c(rep(0, N))
S2 <- c(rep(0, N))
CL <- c(rep(0, N))
C <- c(rep(0, N))
```

```
PC <- c(rep(0, N))
PA <- c(rep(0, N))
CC <- c(rep(0, N))
CA <- c(rep(0, N))
RESC <- c(rep(0, N))
RESA <- c(rep(0, N))
RES <- c(rep(0, N))

# 기타 입력모수

g1 <- 0.04
g2 <- 0.02
pct <- 0.02
cost <- 0.05

# t=0(벡터 [1]) 시점의 계리적 요소 계산

S[1] <- 5000
CL[1] <- 3000

if(S[1]>CL[1])S1[1] = CL[1] else S1[1] = S[1]
if(S[1]>CL[1])S2[1] = S[1]-CL[1] else S2[1] <- 0

C[1] <- (N/40)*(2*S1[1]+8*S2[1])
PC[1] <- pct*S[1]

# t=0 시점의 연간부담률과 연금자산 계산

R1 <- AXN(Ftable, Initage, Fendage, Fi)
R2 <- EXN(Ftable, Initage, Fendage, Fi)
ACR <- (1-cost)*R1/R2

CC[1] <- PC[1]*ACR
CA[1] <- C[1]-CC[1]
PA[1] <- CA[1]/ACR

# t=0 시점의 책임준비금 계산

RESA[1] <- (CA[1]*R2)-(PA[1]*R1*(1-cost))
RESC[1] <- (CC[1]*R2)-(PC[1]*R1*(1-cost))
RES[1] <- RESA[1]+RESC[1]

# t=1 이후의 요율구조와 계리적 요소 계산

j <- 1
Fage <- Initage
while(j<N) {
j <- j+1
```

```
Fage <- Fage+1

S[j] <- S[j-1]*(1+g1)
CL[j] <- CL[j-1]*(1+g2)
if(S[j]>CL[j]) S1[j] = CL[j] else S1[j] = S[j]
if(S[j]>CL[j]) S2[j] = S[j]-CL[j] else S2[j] <- 0

C[j] <- (N/40)*(2*S1[j]+8*S2[j])
PC[j] <- pct*S[j]

R1 <- AXN(Ftable, Fage, Fendage, Fi)
R2 <- EXN(Ftable, Fage, Fendage, Fi)

ACR <- (1-cost)*R1/R2

CC[j] <- CC[j-1]+(PC[j]-PC[j-1])*ACR
CA[j] <- C[j]-CC[j]
PA[j] <- PA[j-1]+(CA[j]-CA[j-1])/ACR

RESA[j] <- ((CA[j]*R2)-(PA[j]*R1*(1-cost)))
RESC[j] <- ((CC[j]*R2)-(PC[j]*R1*(1-cost)))
RES[j] <- (RESA[j]+RESC[j])
}

#=======================================
# 연금보험료 추이 그래프

options(scipen = 10)

P <- PA+PC

Plotage <- c(Initage:(Fendage-1))
plot(Plotage, P,
       main = "연금보험료 추이(년)",
       xlab = "연령(세)",
       ylab = "연금보험료(만원)",
       lty = 1,
       type = "S")
lines(Plotage, PA, lty=2, type = "S")
lines(Plotage, PC, lty=3, type = "S")
legend("topleft",
       legend = c("연금보험료(전체)",
                   "연금보험료(사용자)",
                   "연금보험료(근로자)"),
       lty = 1:3, cex = 0.8)

as.integer(P)
as.integer(PA)
```

```
as.integer(PC)

#======================================
# 책임준비금 추이 그래프

Plotage <- c(Initage:(Fendage-1))
plot(Plotage, RES,
     main = "책임준비금 추이(년)",
     xlab = "연령(세)",
     ylab = "책임준비금(만원)",
     lty = 1,
     type = "l")
lines(Plotage, RESA, lty=2)
lines(Plotage, RESC, lty=3)
legend("topleft",
       legend = c("책임준비금(전체)",
                  "책임준비금(사용자)",
                  "책임준비금(근로자)"),
          lty = 1:3, cex = 0.8)

as.integer(RESC)
as.integer(RESA)
as.integer(RES)

# 'openxlsx' 패키지 설치하고 결과를 xlsx. 파일로 내보내기

#install.packages("openxlsx")
library(openxlsx)

result <- data.frame(Plotage, C, PC, CC, PA, CA,
                     RESC, RESA, RES)
write.xlsx(result,
           sheetName = "reserves",
           file = "result.xlsx")
```

# 제6장

# 수익률곡선을 읽고 시각화하기

연금계리 R프로그래밍에서 흥미롭고 유용한 또 다른 주제는 수익률곡선(yield curve)을 읽고, 시각화하고, 계산하는 작업이다. 수익률곡선은 연금채무(pension liability) 현금흐름의 가치평가에 사용된다.

수익률곡선은 이자율의 기간구조(term structure)로도 알려져 있으며, 이는 만기별로 금융상품의 수익률이 어떻게 변하는지 보여주는 그래프이다. 다시 말해, 수익률곡선은 미래 자산가격에 대한 전체 금융시장 참여자의 결집된 전망을 나타낸다. 수익률곡선은 대부분 확정수익(fixed income)을 가진 금융상품이나 채권과 관련되어 있다.

수익률곡선은 현물금리(spot rate)와 선도금리(forward rate)로 표시된다. 계리학의 관점에서 현물금리와 선도금리의 관계는 현재가치(actualisation)와 미래가치(capitalisation)의 관계로도 볼 수 있다.

현물금리란 오늘 금융상품에 투자하여 특정만기까지 보유할 경우 현재 적용되는 금리를 의미한다. 따라서 10년물 현물금리는 10년 뒤에 만기가 도래하는 유가증권에 대해 오늘 시장이 결정하는 결제금리이다.

반면 선도금리는 특정만기를 가진 금융상품에 대해 미래시점에 적용될 금리를 현재시점에서 확정하는 이자율을 의미한다. 따라서 10년물의 10년 선도금리는 10년 후 시점에서 10년 뒤에 만기(또는 듀레이션)가 도래하는 유가증권에 대해 오늘 시장이 결제하는 금리이다.

수익률곡선은 금융시장에서 발생하는 기존거래의 정보에 기초하여 발행자가 작성한다. 그러나 시장에 모든 듀레이션이 존재하는 것은 아니므로, 듀레이션 간의 누락된 수익률정보는 보간법[36](interpolation)으로 계산할 수 있다. 금융시장에서 존재하지 않거나 거래되지 않는 듀레이션을 가진 유가증권은 외삽법[37](extrapoloation)으로 추정하기도 한다. 이 듀레이션 영역은 금융시장의 유동성(liquidity)와 관련이 있다.

대표적인 수익률곡선 발행자로는 유럽중앙은행(The European Central Bank; ECB)이 있다. ECB는 유로지역의 수익률곡선을 제공한다. 유의미한 수익률곡선을 도출하기 위해서는 가능한 전 기간의 듀레이션을 갖추면서 동일 수준의 위험을 가진 금융자산의 밸류에이션(valuation) 정보가 충분히 있어야 한다.

ECB는 자체 통계 데이터 포털를 통해 모든 종류의 채권과 AAA등급 채권의 수익률 곡선의 통계 데이터를 제공하고 있다. 듀레이션에 따른 수익률의 경우 0과 30년 사이의 데이터가 제공된다.

ECB Data Portal: https://www.ecb.europa.eu/stats/financial_markets_and_interest_rates/euro_ area_yield_curves/html/index.en.html

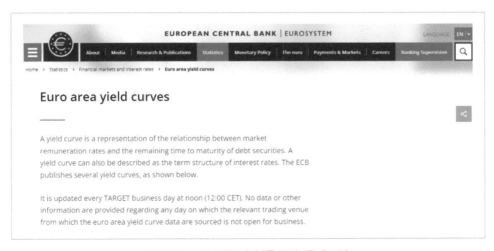

:: 그림 78. ECB 수익률곡선 통계포털

---

36) 알려진 듀레이션 사이를 선으로 연결하여 그 사이의 값을 추정하는 방식이다.
37) 시장에 존재하는 듀레이션 범위를 넘어서기 때문에 보간법을 사용할 수 없고 관련 변수와 관계에 기초하여 알려진 범위 바깥의 값을 도출하는 방법이다.

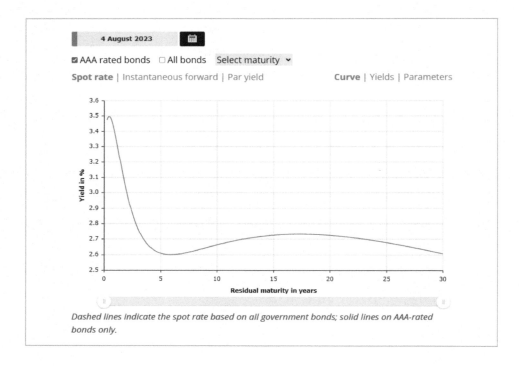

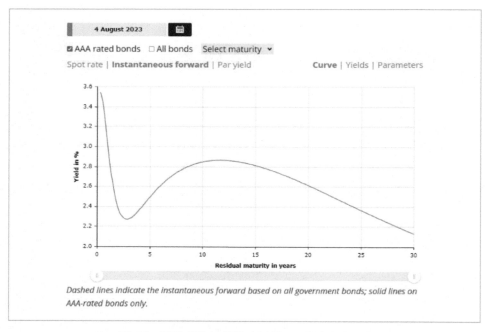

또 다른 수익률곡선의 발행자로 유럽보험연금감독청(The European Insurance and Occupational Pensions Authority; EIOPA)이 있다. EIOPA는 보험 및 연금산업에서 사용하는 모든 종류의 데이터를 발행하고 있으며, Solvency II[38] 지침에 근거하여 무위험금리(RFR) 기간구조를 발행할 법적 권한 및 의무를 가지고 있다.

EIOPA RFR 기간구조: https://www.eiopa.europa.eu/tools-and-data/risk-free-interest-rate-term-structures_en

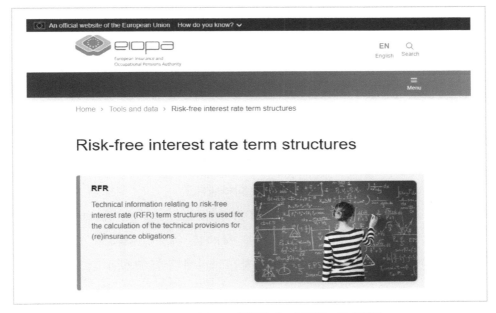

:: 그림 80. EIOPA 무위험금리 기간구조 통계포털

이상적인 무위험금리(Risk Free Interest Rate; RFR)의 개념은 실제 금융시장에 존재하지 않는다. 다만 국제적인 위험요소의 영향을 최소화한 채권상품의 가격을 반영하여 최대한 현실성 있게 표준화한 값으로 이해하면 된다.

RFR 금리곡선의 결정은 매우 중요하다. 왜냐하면 이 곡선이 연금의 미래채무의 추정과 모든 만기의 무위험금리를 통해 책임준비금 계산에 중대한 영향을 끼치기 때문이다. 또한, 이 금리 곡선의 정보는 연금기관이 가치를 평가하고 비

---

38) Solvency II는 유럽연합 내 보험회사의 파산위험을 줄이기 위해 보유해야 하는 자본금에 대해 성문화한 법적 지침임

교하는 데 사용하는 중요한 기준으로 활용된다.

EIOPA는 가상적인 수익률곡선을 도출하는 방법을 상당히 구체적으로 기록하고 있다. 우선 시장에서 관찰되는 실제 수익률곡선과 최대한 가깝게 작성하기 위해, 유동성이 높은 금융시장의 시장데이터를 사용하였다. 주로 스왑시장(swap markets)의 데이터를 사용하는데 여기서 스왑이란 양측의 거래참여자가 고정금리와 변동금리의 의무를 교환하는 금융거래로 이해할 수 있다. 만약 스왑시장 금융거래의 정보가 충분히 신뢰할 수 없는 수준이라면, 대상국가의 국채와 회사채 금리에 기초하여 작성된 RFR을 사용한다.

EIOPA는 "깊고(deep) 유동성이 풍부하며(liquid) 투명한(transparent) 시장"의 개념을 사용한다. 금융상품을 거래할 때 가격의 큰 변화없이 대량주문이 가능하다면 해당 금융상품의 시장은 깊다고 말한다. 시장이 깊다는 것은 매도자와 매수자가 쉽게 서로를 찾을 수 있음을 나타낸다. 유동성이 풍부하다(liquid)는 것은 금융상품을 가격의 괴리없이 시장가격에 팔 수 있음을 의미한다. 투명한 시장이란 시장 참여자가 금융자산의 가격 정보에 완전한 접근(full access)이 가능한 상태를 의미하며 시장이 효율적임을 나타낸다.

이러한 개념은 EIOPA 규정집의 제77a조와 Solvency II Directive (2009/138/EC-25/11/2009은 보험과 재보험 산업에 적용되는 규정이 기술되어 있음)에 자세히 정의되어 있다. 제77조는 주로 기술적인 계산에 관한 조항을 담고 있다.

"제77a조에서 발췌: 관련된 무위험금리 기간구조의 외삽법

제77조 2항에 언급된 무위험금리 기간구조를 결정할 때는 관련 금융상품에서 도출된 정보를 일관되게 사용하여야 한다. 이 결정은 채권시장을 포함하여 깊고 유동성이 풍부하며 투명한 금융시장에서 거래되는 해당 만기의 금융상품의 정보를 반영해야 한다. 만약 채권 또는 관련 금융상품의 만기가 깊지 않고, 유동성이 풍부하지 않으며, 투명하지 않은 시장구간에 있다면, 무위험금리 기간구조는 외삽법으로 추정될 수 있다. 무위험금리 기간구조 중 외삽법으로 추정될 부분은 깊고, 유동성이 풍부하고, 투명한 시장에서 거래되는 채권과 관련 금융상품에서 관찰될 수 있는 가장 긴 만기와 관련된 하나 또는 다수의 선도금리에서 장기선도금리로 매끄럽게 수렴된 선도금리에 기초하여야 한다."

따라서 RFR 수익률 곡선을 결정하는데 있어서 유동성이 부족하거나 아예 존재하지 않는 시장에서 거래되는 만기가 긴 금융상품의 경우 특별한 주의를 기울여야 한다. 이러한 경우에는 최종관찰만기(Last Liquid Point; LLP)의 개념으로 수익률곡선을 찾아낼 수 있다. 최종관찰만기란 깊고, 충분한 유동성이 있으며, 투명한 시장에서 거래되는 금융상품에서 관찰될 수 있는 가장 긴 만기를 의미한다. 최종관찰만기 이후의 부분은 실증적으로 모형화 된 곡선을 활용하는 외삽법으로 추정이 필요하다. 신뢰할 수 있는 관측치가 존재하는 기간 내에서는 내삽(interpolation) 추정이 필요할 수 있다.

EIOPA의 자료에 따르면, EURO 금융상품의 최종관찰만기는 20년이다.

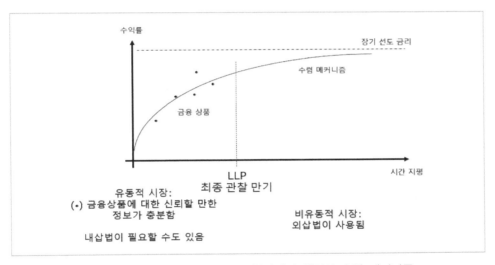

:: 그림 81. EIOPA-RFR 최종관찰만기의 위치와 수렴 메커니즘

수익률곡선은 가상개념인 장기선도금리(Ultimate Forward Rate; UFR)에 수렴한다. 선도금리란 현물금리의 상대적인 개념으로 미래에 결제할 것을 현재시점에 체결하는 선도계약의 수익률이며, 장기선도금리는 최종관찰만기 이후 구간에서 수렴되는 이자율이다.

현실적인 최종관찰만기의 설정과 허용가능한 장기선도금리의 범위, 그리고 수렴 메커니즘(convergence mechanism)은 수익률곡선의 개념과 구조에 매우 중요하다.

EIOPA의 자료에 따르면 2023년과 2024년에 유로화(the euro)에 적용되는 장기선도금리는 각각 3.45%와 3.30%이다. EIOPA의 무위험금리곡선은 매월 발표된다.

## (1) 대한민국 무위험금리를 R에서 읽고 시각화하기

EIOPA 포털은 대한민국을 포함하여 전세계 주요국가의 무위험금리 정보를 제공하고 있다. 무위험금리 데이터는 다음 링크에서 다운로드 받을 수 있다.

https://www.eiopa.europa.eu/tools-and-data/risk-free-interest-rate-term-structures/risk-free-rate-previous-releases-and-preparatory-phase_en

위 링크를 클릭하면, 페이지 하단에 데이터가 연도별로 정리되어 있다. 그중에서 'Monthly technical information-2020'을 선택한다. 이번 실습에서는 2020년 1월의 월별정보 데이터를 사용한다.

2019년 12월(December 2019) 링크를 클릭하여 'eiopa_rfr_20191231_0_0' 파일을 다운로드를 받는다. 압축을 풀면 폴더 안에 4개의 파일이 있는데 우리가 사용할 파일은 'EIOPA_RFR_20191231_Term_Structures.xlsx'이며 데이터 기준 날짜는 2019년 12월 31일이다.

이 파일을 작업 디렉토리에 저장하자.

파일을 열고 'Main_Menu' 시트를 선택하면 [그림 82]와 같은 화면이 표시된다. 화면에 'Risk-free curves as of 31-12-2019 (annual zero-coupon spot rates)'의 제목이 보인다.

현물금리는 무위험 금융상품을 오늘부터 지정된 만기까지 보유할 경우 오늘 적용되는 이자율이며, 데이터 상 최대 만기는 150년이다.

무이표채(Zero Coupon Bond)의 연이자율은 상환전까지 이자(쿠폰[39] 또는 이표채)가 없는 채권에 연단위로 적용되는 이자율이다. 상환 시 채권의 발행가격(명목가치)을 전액 지급하므로 채권을 발행할 때 보통 제로쿠폰 금리로 할인하여 판매한다.

---

39) 1990년대까지는 채권용지에 우표처럼 생긴 쿠폰이 붙어있었고, 이를 떼서 발행자에게 제출하면 이자를 지급했기 때문에 채권 상환 전에 정기적으로 받는 이자를 쿠폰이라고 불렀다.

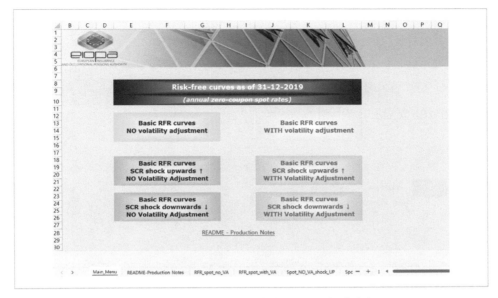

:: 그림 82. EIOPA 무위험수익률 곡선 데이터

기본적인 무위험금리 곡선은 변동성 조정(volatility adjustment)이 된 곡선과 조정이 되지 않은 곡선으로 제공된다. 변동성 조정의 유래는 스트레스테스트(stress test)와 보험사와 퇴직자의 연금지급에 대한 연금기관의 지급능력(solvency)에 대한 논쟁에서 비롯되었다. 변동성 조정은 보험사와 연금기관의 장기지급능력의 보증(long-term guarantee)을 강화하기 위해 이자율곡선에 유연성(flexibility)을 반영하는 것이다. 지급능력 규제제도에 따라 보험회사는 지급능력 포지션에 채권 스프레드의 단기 변동성으로 인한 부정적 영향을 완화하기 위해 무위험금리 곡선에 다양한 변동성 시나리오를 적용하여 테스트를 할 수 있도록 허용하고 있다.

이제 EIOPA 데이터 중에서 두 개의 금리곡선 데이터를 불러와 R에서 시각화 할 것이다. 첫번째는 변동성이 없는 기본 무위험금리곡선(basic RFR-curve NO volatility)이며, 두번째는 변동성이 없고 SCR(Solvency Capital Requirement[40]) 하방충격이 적용된 기본 무위험금리곡선(basic RFR curve SCR shock downwards NO volatility)이다.

---

40) 지급능력요구자본

앞에서 소개한 금리곡선 데이터는 'RFR_spot_no_VA'와 'Spot_NO_VA_sock_DOWN' 이름을 가진 두 개의 탭에 각각 저장되어 있다.

첫번째 데이터 'RFR_spot_no_VA'을 살펴보면, 가로방향으로는 국가에 따라, 세로방향으로 만기에 따라 데이터가 정렬되어 있는 것을 볼 수 있다. 표에는 각 열의 이름이 포함된 헤더 행이 있다.

| | | AW | AX | AY | AZ | BA | BB | BC |
|---|---|---|---|---|---|---|---|---|
| | Main menu | Singapore | South Africa | South Korea | Taiwan | Thailand | Turkey | United States |
| | | SG_31_12_2019_S WP_LLP_20_EXT_4 0_UFR_3.9 | ZA_31_12_2019_S WP_LLP_15_EXT_4 5_UFR_5.5 | KR_31_12_2019_S WP_LLP_20_EXT_4 0_UFR_3.9 | TW_31_12_2019_G VT_LLP_10_EXT_50 _UFR_3.9 | TH_31_12_2019_S WP_LLP_15_EXT_4 5_UFR_3.9 | TR_31_12_2019_S WP_LLP_10_EXT_S 0_UFR_5.5 | US_31_12_2019_S WP_LLP_50_EXT_4 0_UFR_3.9 |
| | Coupon_freq | 2 | 4 | 2 | 0 | 2 | 2 | 2 |
| | LLP | 20 | 15 | 20 | 10 | 15 | 10 | 50 |
| | Convergence | 40 | 45 | 40 | 50 | 45 | 50 | 40 |
| | UFR | 3.9 | 5.5 | 3.9 | 3.9 | 3.9 | 5.5 | 3.9 |
| | alpha | 0.123563 | 0.136746 | 0.133085 | 0.109278 | 0.113647 | 0.113227 | 0.1233 |
| | CRA | 11 | 35 | 10 | 10 | 10 | 35 | 13 |
| | VA | | | | | | | |
| 1 | | 1.323% | 6.408% | 1.311% | 0.398% | 1.053% | 12.485% | 1.654% |
| 2 | | 1.305% | 6.380% | 1.235% | 0.405% | 1.078% | 12.590% | 1.572% |
| 3 | | 1.317% | 6.477% | 1.230% | 0.436% | 1.103% | 12.482% | 1.565% |
| 4 | | 1.355% | 6.615% | 1.241% | 0.464% | 1.170% | 12.525% | 1.583% |
| 5 | | 1.394% | 6.805% | 1.241% | 0.485% | 1.211% | 12.204% | 1.606% |
| 6 | | 1.445% | 7.016% | 1.243% | 0.513% | 1.272% | 11.978% | 1.641% |
| 7 | | 1.496% | 7.224% | 1.251% | 0.533% | 1.330% | 11.788% | 1.678% |
| 8 | | 1.541% | 7.382% | 1.265% | 0.555% | 1.368% | 11.515% | 1.711% |
| 9 | | 1.580% | 7.572% | 1.280% | 0.571% | 1.396% | 11.199% | 1.748% |
| 10 | | 1.614% | 7.755% | 1.293% | 0.584% | 1.424% | 10.887% | 1.782% |
| 11 | | 1.642% | 7.896% | 1.303% | 0.624% | 1.454% | 10.606% | 1.814% |
| 12 | | 1.667% | 8.015% | 1.309% | 0.687% | 1.477% | 10.355% | 1.844% |
| 13 | | 1.687% | 8.130% | 1.311% | 0.764% | 1.489% | 10.128% | 1.869% |
| 14 | | 1.702% | 8.233% | 1.305% | 0.849% | 1.500% | 9.921% | 1.889% |
| 15 | | 1.712% | 8.311% | 1.286% | 0.937% | 1.519% | 9.730% | 1.907% |
| 16 | | 1.718% | 8.358% | 1.257% | 1.027% | 1.551% | 9.554% | 1.923% |
| 17 | | 1.723% | 8.379% | 1.226% | 1.117% | 1.592% | 9.390% | 1.938% |
| 18 | | 1.731% | 8.379% | 1.201% | 1.205% | 1.639% | 9.238% | 1.950% |

Main_Menu   README-Production Notes   RFR_spot_no_VA   RFR_spot_with_VA   Spot_NO_VA_shock_UP   Spc ...

그림 83. 무위험금리곡선(RFR_spot_no_VA) 데이터

다음의 R스크립트는 AY열에 있는 대한민국 무위험금리곡선의 데이터를 1년(11행)부터 150년(160행)의 만기까지 읽어낸다. 두번째 데이터 'Spot_NO_VA_sock_DOWN'도 같은 방식으로 정렬되어 있다.

R에서 새로운 스크립트 파일을 시작하기 전에 메모리를 청소하는 것은 좋은 습관이다. 다만 메모리 청소 전에 경고 메시지가 없으니 주의하자. 'readxl' 패키지를 불러오고 작업 디렉토리도 지정하자.

```
rm(list = ls())

library(readxl)
setwd("~/R for pension")
```

그리고 프로젝트의 목적과 내용을 주석에 남겨보자.

```
# EIOPA 2020년 대한민국 무위험금리곡선 읽기
# 출처: https://www.eiopa.europa.eu/tools-and-data/risk-free-interest-
rate-term-structures/risk-free-rate-previous-releases-and-preparatory-phase
_en
# rfr: 만기 1년부터 150년까지 무위험금리곡선
```

그리고 'readxl' 패키지의 명령어로 데이터를 불러오자.

'readxl'의 명령어가 기존의 'data.table'보다 우수한 점은 .xlsx 파일에서 시트(sheet)와 범위(range)를 지정하여 필요한 데이터만 불러올 수 있다는 점이다. 'col_names = TRUE'는 파일에 헤더(header) 행이 있음을 정의한다.

```
rfr_temp = read_excel(path = "EIOPA_RFR_20191231_Term_Structures.xlsx",
                      sheet = "RFR_spot_no_VA",
                      range = "AY10:AY160",
                      col_names = TRUE)
rfr = as.vector(t(rfr_temp))
```

위 명령어는 파일 내의 대한민국 무위험금리곡선 데이터의 정확한 위치 (AY10:AY160)가 지정되어 있으며, 0년의 금리값이 될 빈칸(AY10)도 포함되어 있다.

실행한 값은 임시저장값(read-in)으로 'rfr_temp'라는 변수에 저장되어 있다. 임시저장값으로 저장한 이유는 열의 값을 벡터로 변환하여 시각화 할 것이기 때문이다. 만약 벡터로 전치되지 않은 상태에서 시각화가 실행되면, 인수의 길이가 다르기 때문에 시각화 명령어가 실행되지 않는다는 에러 메시지가 Console에 출력될 것이다.

't()' 함수에 의해 행렬의 전치가 실행되고, 벡터는 'as.vector' 함수에 의해 생성된다.

```
rfr = as.vector(t(rfr_temp))
```

이는 Environment 창을 확인하면 'rfr' 벡터의 첫번째 값 1.131%이 첫번째 데이터 'RFR_spot_no_VA'의 AY11의 값과 일치한 것을 확인할 수 있다.

:: 그림 84. 대한민국 무위험금리곡선(RFR_spot_no_VA) 데이터

같은 방법으로 두번째 시트에 있는 데이터를 불러오자.

```
rfr_down_temp = read_excel(path = "EIOPA_RFR_20191231_Term_Structures.xlsx",
                           sheet = "Spot_NO_VA_shock_DOWN",
                           range = "AY10:AY160",
                           col_names = TRUE)
rfr_down = as.vector(t(rfr_down_temp))
```

데이터의 시각화에 대해서는 페이지 50에서 설명하였다.

```
plot(1:150, 100*rfr, type = 'l', lwd = 2,
     xlim = c(0, 100),
     ylim = 100*c(-0.005, 0.035),
     xlab = "만기", ylab = "금리(%)",
     main = "EIOPA RFR 기간구조 - 2019/12/31")
lines(1:150, 100*rfr_down, lty = 2, col = "dark red")
```

'rfr'에 100으로 곱한 값(%로 시각화한 값) '100*rfr'을 메인 그래프에 선으로 나타내고 'rfr_down'에 100을 곱한 값 '100*rfr_down'도 선으로 추가한다.

수평축은 1부터 150까지 순서대로 채운다. 연속적인 숫자는 콜론 연산자 ' : '

를 사용하여 생성한다. 두 벡터는 반드시 같은 길이를 가지고 있어야 한다. 시각화 하는 데이터의 좌표의 크기는 'xlim'과 'ylim' 옵션으로 제한하여 지정할 수 있다. 0년부터 100년까지의 만기에 해당하는 선을 그릴 것이다. 'xlim'는 0년부터 100년의 좌표 정보를 포함하는 벡터이다.

x축과 y축에 라벨을 할당하고, 그래프의 제목도 추가한다. 선의 종류와 굵기도 설정할 수 있다.

마지막으로 오른쪽 하단에 범례를 추가하고, 두 곡선의 라벨과 선 유형 및 굵기를 지정한다.

```
legend('bottomright',
       legend = c("RFR_spot_NO_VA", "RFR_spot_NO_VA_shock_DOWN"),
       col = c("black", "dark red"),
       lwd = c(2, 1), lty = c(1, 2), cex = 1.2)
```

'cex'는 폰트 크기의 배율을 정의한다.

모든 것을 입력하고 실행하면 [그림 85]와 같은 그래프가 생성된다.

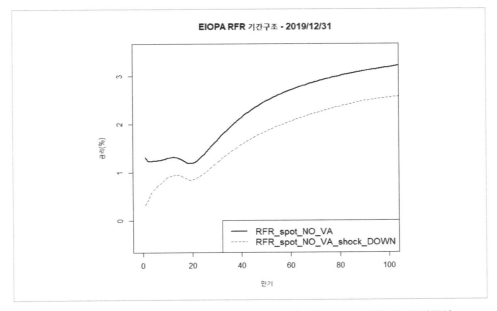

:: 그림 85. RFR_spot_NO_VA와 RFR_spot_NO_VA_shock_DOWN 금리곡선

생성된 그래프는 Plots 창의 Export 버튼을 사용하여 pdf 파일을 포함하여
다양한 이미지 형식으로 저장이 가능하다.

:: 그림 86. Plots 창에서 이미지를 저장하기

## (2) R에서 선도금리의 계산 및 시각화

특정 만기의 현물금리를 알고 있다면 R에서 선도금리의 계산이 가능하며 시
각화도 가능하다.

제로쿠폰 채권의 현물금리와 선도금리 간의 수학적 관계는 [그림 87]과 같은
기본적인 재무이론으로 설명될 수 있다.

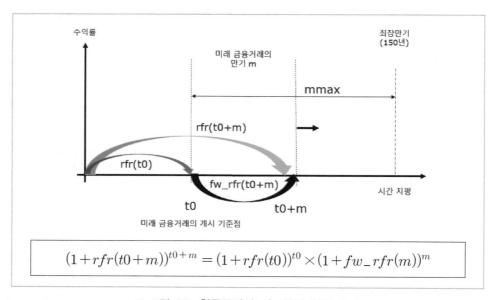

$$(1+rfr(t0+m))^{t0+m} = (1+rfr(t0))^{t0} \times (1+fw\_rfr(m))^{m}$$

:: 그림 87. 현물금리와 선도금리 간의 관계

[그림 87]에서 무위험 현물금리의 벡터는 'rfr(index)', 무위험 선도금리의 벡터는 'fw_rfr(index)'로 표기된다. 이 등식은 R스크립트에서 코드로 구현하기 위해 선도금리 'fw_rfr(index)'로 정리할 수 있다.

선도금리를 계산하는 함수를 정의하여 작성해보자. 사용자정의함수는 페이지 34에서 설명하였다.

먼저, 입력모수로 주어진 무위험 금리 벡터의 길이 'length(rfr)'와 미래 금융거래의 만기로부터 선도금리의 최대만기를 의미하는 'mmax'를 계산한다.

'mmax' 값은 새로 계산할 미래금리 벡터의 길이를 결정한다. 이어서 숫자벡터를 생성하는 일반함수 'numeric'으로 선도금리 벡터 'fw_rfr'을 초기화한다. 그 다음 for 반복문에서는 [그림 87]의 등식을 사용하여 선도금리를 반복하여 계산한다.

```r
# t=0에서 시작하는 다양한 만기의 선도금리(forward rates)
# 1년만기부터 최대만기 mmax까지

forward_rfr = function(rfr, t0) {
  mmax = length(rfr)-t0
  fw_rfr = numeric(mmax)
  for (m in 1:mmax) {
    fw_rfr[m] = (((1+rfr[t0+m])^(t0+m))/((1+rfr[t0])^(t0)))^(1/m)-1
  }
  return(fw_rfr)
}
```

계산의 중간 결과는 Console에서 다음과 같이 확인할 수 있다.

```
Console    Terminal    Background Jobs

R  R 4.3.1 · ~/R for pension/
> rfr
  [1] 0.01311 0.01235 0.01230 0.01241 0.01241 0.01243 0.01251 0.01265 0.01280 0.01293 0.01303 0.01309
 [13] 0.01311 0.01305 0.01286 0.01257 0.01226 0.01201 0.01188 0.01190 0.01210 0.01242 0.01283 0.01331
 [25] 0.01382 0.01436 0.01492 0.01548 0.01604 0.01659 0.01713 0.01766 0.01818 0.01868 0.01917 0.01964
 [37] 0.02009 0.02053 0.02095 0.02136 0.02175 0.02213 0.02250 0.02285 0.02319 0.02351 0.02383 0.02413
 [49] 0.02442 0.02470 0.02497 0.02523 0.02549 0.02573 0.02597 0.02619 0.02642 0.02663 0.02683 0.02703
 [61] 0.02723 0.02742 0.02760 0.02777 0.02794 0.02811 0.02827 0.02843 0.02858 0.02873 0.02887 0.02901
 [73] 0.02915 0.02928 0.02941 0.02953 0.02966 0.02977 0.02989 0.03000 0.03011 0.03022 0.03033 0.03043
 [85] 0.03053 0.03063 0.03072 0.03082 0.03091 0.03100 0.03109 0.03117 0.03126 0.03134 0.03142 0.03150
 [97] 0.03157 0.03165 0.03172 0.03180 0.03187 0.03194 0.03201 0.03207 0.03214 0.03220 0.03227 0.03233
[109] 0.03239 0.03245 0.03251 0.03257 0.03262 0.03268 0.03273 0.03279 0.03284 0.03289 0.03294 0.03299
[121] 0.03304 0.03309 0.03314 0.03319 0.03323 0.03328 0.03332 0.03337 0.03341 0.03345 0.03350 0.03354
[133] 0.03358 0.03362 0.03366 0.03370 0.03374 0.03378 0.03381 0.03385 0.03389 0.03392 0.03396 0.03399
[145] 0.03403 0.03406 0.03409 0.03413 0.03416 0.03419
> fw_rfr
  [1] 0.01403054 0.01389038 0.01371023 0.01335006 0.01272001 0.01197028 0.01130363 0.01086117
  [9] 0.01071461 0.01087105 0.01134604 0.01199520 0.01275308 0.01358152 0.01441377 0.01525477
 [17] 0.01609241 0.01689944 0.01768068 0.01842496 0.01913612 0.01981730 0.02047109 0.02108546
 [25] 0.02167675 0.02223259 0.02275468 0.02325808 0.02373022 0.02418556 0.02461151 0.02502210
 [33] 0.02541781 0.02578609 0.02614047 0.02646845 0.02679603 0.02709790 0.02738709 0.02766381
 [41] 0.02792823 0.02818052 0.02843318 0.02866158 0.02889050 0.02909550 0.02931331 0.02950741
 [49] 0.02969009 0.02987347 0.03005751 0.03023021 0.03039166 0.03054191 0.03069289 0.03084456
 [57] 0.03098508 0.03112629 0.03125640 0.03138719 0.03150694 0.03162735 0.03174838 0.03185842
 [65] 0.03196907 0.03206877 0.03218060 0.03226997 0.03237142 0.03246194 0.03255302 0.03264462
 [73] 0.03273672 0.03281794 0.03289966 0.03298186 0.03305320 0.03313632 0.03320859 0.03328130
 [81] 0.03335444 0.03341674 0.03349071 0.03355384 0.03361737 0.03368128 0.03373439 0.03379905
 [89] 0.03385290 0.03391825 0.03397280 0.03402768 0.03408289 0.03412734 0.03418318 0.03422826
 [97] 0.03428469 0.03433096 0.03437633 0.03442257 0.03446909 0.03451587 0.03455192 0.03459921
[105] 0.03463578 0.03468357 0.03472063 0.03475793 0.03479546 0.03483322 0.03487120 0.03490939
[113] 0.03494780 0.03498641 0.03501433 0.03505334 0.03508166 0.03512105 0.03514975 0.03517865
[121] 0.03521857 0.03524782 0.03527725 0.03530685 0.03533661 0.03536654 0.03539663 0.03542687
[129] 0.03544647 0.03547701 0.03550771 0.03552776 0.03555874 0.03557909 0.03561034 0.03563096
[137] 0.03565172 0.03568336 0.03570439 0.03572554
>
```

∷ 그림 88. RFR_spot_NO_VA 그래프

전체 금리곡선을 한 화면에 모으고 범례를 추가하면 다음과 같은 그래프가 완성된다.

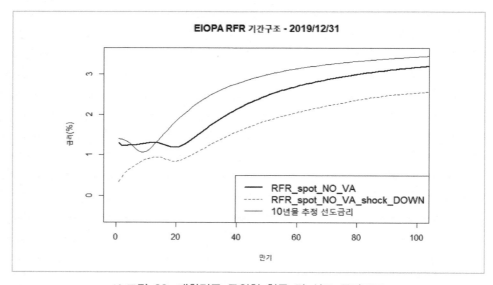

∷ 그림 89. 대한민국 무위험 현물 및 선도 금리구조

## ░ 6장 전체 코드 ░

```
## 6장 "수익률곡선을 읽고 시각화하기" ##

#install.packages("readxl")

rm(list = ls())
library(readxl)

setwd("~/R for pension")

#====================================
# EIOPA 2020년 대한민국 무위험금리곡선 읽기

# 출처 : https://www.eiopa.europa.eu/tools-and-data/risk-free-interest-
rate-term-structures/risk-free-rate-previous-releases-and-preparatory-ph
ase_en
# rfr: 만기 1년부터 150년까지 무위험금리곡선

# 변동성 없는 기본 무위험금리곡선 데이터 읽기

rfr_temp = read_excel(path = "EIOPA_RFR_20191231_Term_Structures.xlsx",
                      sheet = "RFR_spot_no_VA",
                      range = "AY10:AY160",
                      col_names = TRUE)
rfr = as.vector(t(rfr_temp))

# 변동성 없고, SCR 하방충격이 반영된 기본 무위험금리곡선 읽기

rfr_down_temp = read_excel(path = "EIOPA_RFR_20191231_Term_Structures.xlsx",
                      sheet = "Spot_NO_VA_shock_DOWN",
                      range = "AY10:AY160",
                      col_names = TRUE)
rfr_down = as.vector(t(rfr_down_temp))

# EIOPA 무위험금리 기간구조 그래프

plot(1:150, 100*rfr, type = 'l', lwd = 2,
    xlim = c(0, 100),
    ylim = 100*c(-0.005, 0.035),
    xlab = "만기", ylab = "금리(%)",
    main = "EIOPA RFR 기간구조 - 2019/12/31")
lines(1:150, 100*rfr_down, lty = 2, col = "dark red")

legend('bottomright',
       legend = c("RFR_spot_NO_VA", "RFR_spot_NO_VA_shock_DOWN"),
       col = c("black", "dark red") ,
```

```
        lwd = c(2, 1), lty = c(1, 2), cex = 1.2)

# t=0에서 시작하는 다양한 만기의 선도금리(forward rates)
# 1년만기부터 최대만기 mmax까지

forward_rfr = function(rfr, t0) {
  mmax = length(rfr)-t0
  fw_rfr = numeric(mmax)
  for (m in 1:mmax) {
    fw_rfr[m] = (((1+rfr[t0+m])^(t0+m))/((1+rfr[t0])^(t0)))^(1/m)-1
  }
  return(fw_rfr)
}

fw_rfr <- forward_rfr(rfr, 10)

# EIOPA 무위험금리 기간구조 그래프(10년물 추정 선도금리 추가)

plot(1:150, 100*rfr, type = 'l', lwd = 2,
     xlim = c(0, 100), ylim = 100*c(-0.005, 0.035),
     xlab = "만기", ylab = "금리(%)",
     main = "EIOPA RFR 기간구조 - 2019/12/31")
lines(1:150, 100*rfr_down, lty = 2, col = "dark red")
lines(1:140, 100*fw_rfr, lty = 1, col = "dark blue")
legend('bottomright',
        legend = c("RFR_spot_NO_VA",
                   "RFR_spot_NO_VA_shock_DOWN",
                   "10년물 추정 선도금리"),
     col = c("black", "dark red"),
     lwd = c(2, 1, 1),lty = c(1, 2, 1), cex = 1.2)

rfr
rfr_down
fw_rfr
```

# 자산의 미래가치 예측하기

다음 주제는 R로 자산의 미래가치를 예측하는 것이다.

세대 간의 사회적 연대(solidarity)의 원리로 재직중인 근로자가 납부한 연금보험료를 은퇴자에게 재분배하는 부과방식과는 달리, 적립방식은 연금재원의 적립에 대한 비용을 장기간에 걸쳐 분산하여 가입자에게 부과하여, 이를 통해 적립한 연기금을 금융자산에 투자하여 발생한 수익으로 인플레이션을 극복하는 원리에 기초한다.

관련문헌에서는 현금(cash), 주식(equity), 채권(fixed income), 부동산(real estate)과 원자재(commodities) 등 5가지 자산군을 연금재원 적립에 활용하는 주요 금융자산으로 소개하고 있다.

| 연금재원 적립에 활용되는 자산군 | | | | | | |
|---|---|---|---|---|---|---|
| 금융상품의 특징 | 현금 | 주식 | 채권 | 부동산 | 원자재 | 법과 규정 |
| | 유동성 및 구매력 | 기업에 대한 소유권 | 대출능력 | 임대자산에 대한 소유권 | 상품에 대한 소유권 | |
| | - 현금<br>- 보통예금계좌<br>- 유동성 펀드<br>- 단기금융시장 상품 | - 주식 | - 확정만기<br>- 확정이자<br>- 저축펀드<br>- 저축성생명보험 | - 건물 및 토지 | - 광물<br>- 식량<br>- 원유 | |
| | 위험과 기대수익률 특징 | | | | | |

:: 그림 90. 연금재원 적립에 활용되는 자산군

자산군(asset class)은 비슷한 특징을 가지거나 동일한 법규나 규제의 제한을 받는 투자물의 집합체로 정의될 수 있다. 연금산업에서 법적규제는 투자의 기술적 또는 운용적 측면뿐만 아니라, 연금가입자의 권리를 보호하고 자산을 보존하기 위한 건전성규제(prudential regulation)의 영역도 포함한다. 책임준비금 규제가 대표적인 건전성규제의 예이다.

연금기관이나 보험사의 대차대조표 상의 자산은 현재와 미래의 연금수급자에게 지급해야 할 연금, 즉 채무 부분과 균형을 잡기 위하여 적극적(active) 투자가 이루어지는 부분에 속한다.

따라서 자산군의 위험(risk)과 기대수익률(return)의 특징은 연금제도의 운영 및 연금수급권의 보호와 관련하여 가장 중요한 요소이다.

자산의 유형별로 위험과 기대수익률 간에 일종의 트레이드오프(trade-off)를 차트에 그릴 수 있다. 위험은 투자결과의 변동성으로 표현된다. 변동성은 기대하는 투자결과 내에서 실현가능한 실제 투자결과의 분산(dispersion)으로 정의될 수 있다.

채권과 MM(money market; 단기자금시장) 상품의 경우 거래상대방과 연계된 특정 리스크 외의 변동성은 높지 않으며, 만기까지 보유할 경우 손실까지는 아니지만 상대적으로 낮은 수익률이 주요 특징이다.

따라서 시간에 경과에 따른 효과적인 연금자산의 적립과 인플레이션을 극복할 수 있는 연금기관의 역량을 결정하는 가장 중요한 자산군은 바로 주식으로 볼 수 있다([그림 91]). 효과적인 자산배분이 이루어진 포트폴리오에는 일반적으로 주식이 포함된다.

그렇다면 여기에서 던질 수 있는 질문은 다음과 같다. 자산군 중 하나인 주식의 가격 변동에 대한 미래가치를 이해하고 통찰력을 얻는 것이 가능할까? 가능하다면, 그 방법은 무엇일까?

이 질문은 미래 주식시장 움직임의 예측이 가능한지, 또는 주식시장의 확률적 움직임을 계산할 수 있는지를 의미한다.

이에 대해 학계에서는 많은 이론들이 개발되었고, 다양한 해결책도 제시되었다.

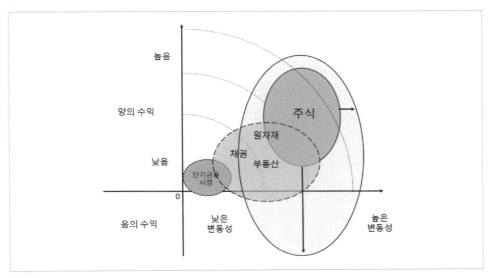

:: 그림 91. 위험과 수익 특징에 따른 자산군의 포지셔닝

이를 위해 금융수학에서 개발된 모델 중 하나가 Eugene F. Fama가 주창한 효율적시장가설(Theory of Efficient Markets)이다. 이 가설에 따르면 금융시장은 현재 이용가능한 모든 정보를 자산가격에 즉시 반영하기 때문에 임의적인 (random) 가격변동을 제외하고 새로운 정보의 발생만이 자산가격에 영향을 준다고 본다. 만약 이 가설이 유효하다면 매우 짧은 미래의 기간 동안에 주식의 역사적 가격과 임의적 요소만이 주식의 가격을 결정하게 된다고 볼 수 있다.

이러한 가격의 변화가 진정으로 임의적인지는 시장참여자에게 이용가능한 정보와 가격변화가 측정된 기간에 전적으로 의존한다.

이 책에서는 시간경과에 따른 주식가격의 확률적 움직임을 모형화하기 위해 (산술 및) 기하학적 브라운 운동(Geometric Brownian Motion; GBM)을 적용한다.

가설: 주식시장은 짧은 미래시간 동안 상수(constant)와 임의(random)의 값만큼만 자산가격이 변하는 기하학적 브라운 운동을 따른다.

만약 이 가설이 유효하다면, 다시 말해 포트폴리오의 가격이 참으로 GBM을 따른다면, GBM모델에 따라 자산의 미래가격의 경로에 대해 시뮬레이션이 가능할 것이다. 이 시뮬레이션 결과를 조심스럽게 활용한다면 미래 자산가격의 확률적 움직임에 대한 통찰력을 얻을 수 있으며, 따라서 지속가능한 연금을 만드는 투자결정에도 어느 정도 기여할 수 있을 것이다.

이 시뮬레이션 결과는 개인뿐만 아니라 연금가입자 그룹의 상황에도 유용하게 활용될 수 있다. 개인의 경우 주식가격의 예측을 통해 은퇴설계에 활용할 수 있으며, 집단의 경우 연기금의 지속성테스트(continuity test)와 지급능력(solvency)에 대한 스트레스테스트에도 응용될 수 있다.

이 장에서는 첫째, GBM 모델의 계산을 구성하는 요소를 이해하기 위한 짧은 문헌검토를 시작으로, 둘째, KOSPI에서 추출한 모수를 R에서 보정하는 방법, 셋째, 미래 주식가격을 예측하는 R스크립트 구현, 그리고 마지막으로, GBM을 따르는 미래 주식가격의 시뮬레이션으로 이어진다.

## (1) GBM에 대한 문헌검토

미래의 짧은 순간 동안 가격의 변화($dP_t$[41])가 현재 주식가격에 비례하는 상수($\mu \times P_t \times dt$)와 현재 주식가격에 비례하는 임의적 변동($\sigma \times P_t \times dB_t$)에 의존한다면 주식이나 포트폴리오의 가격변화의 과정(process)은 기하학적 브라운 운동(GBM)을 따른다고 한다.

이를 수학 등식으로 표현하면 다음과 같다.

<F.7.1.> $\qquad dP_t = (\mu \times P_t \times dt) + (\sigma \times P_t \times dB_t) \qquad$ 또는

$$\frac{dP_t}{P_t} = (\mu \times dt) + (\sigma \times dB_t)$$

$B_t$는 평균이 0, 분산이 시간 $t$이며, 정규분포(Normal Distribution)를 따르는 임의적 가격변화의 요소인 브라운 운동(a Brownian motion)이다. 이는 가격변화의 시간 $t$가 증가할수록 그 과정에서 분산이 증가함을 보여준다.

<F.7.2.> $\qquad B_t - B_0 \sim N(0, t)$

등식<F.7.1.>은 분석적으로 해법을 유도할 수 있는 확률미분방정식[42]

---

41) $d$는 변화량을 나타내는 표시이고, $P$는 가격을 의미하므로 $dP_t$는 $t$의 짧은 기간의 가격변화를 의미한다.

(stochastic differential equation)이다. 이 방정식은 다양한 문헌(Ito's Lemma, 적분과 지수화를 적용하여)에서 시간 t에서 해법을 유도하는 방식으로 증명된 바 있다.

$$<F.7.3.> \qquad P_t = P_0 \times e^{\left(\mu - \frac{\sigma^2}{2}\right) \times t + \sigma \times B_t}$$

또는,

$$<F.7.4.> \qquad P_t = e^{\ln P_0 + \left(\mu - \frac{\sigma^2}{2}\right) \times t + \sigma \times B_t}$$

이는 평균과 분산을 갖는 로그정규분포 밀도함수(lognormally distributed and density function)이다.

$$<F.7.5.> \qquad P_t \sim LN\left(\ln P_0 + \left(\mu - \frac{\sigma^2}{2}\right) \times t,\ \sigma^2 \times t\right)$$

또한, 기대평균(expected mean), 분산(variance), 공분산(covariance)을 분석적으로 표현할 수 있다.

## (2) KOSPI에서 추출한 GBM 모수 보정하기

GBM으로 매끄러운 시뮬레이션의 결과를 도출하기 위해서는 보통 가격변화 과정의 드리프트(drift)라고 불려지는 $\mu$와 표준편차 $\sigma$가 정해지거나 보정될 필요가 있다.[43] 이들의 초기값은 매우 중요하다.

가격 $P_t$의 변화에 대한 GBM 프로세스는 로그정규분포를 따르므로 가격변화에 로그를 취하면 그 값은 과거 가격정보의 평균 $m$과 분산 $v$인 정규분포를 따른다. 이는 등식 <F.7.6.>으로 해결된다.

8장의 시뮬레이션에서 사용할 실제 주식시장의 가격정보는 KOSPI의 4년[44]간

---

42) 옥상에서 물건을 떨어트려 수 차례의 반복실험에도 같은 값이 나오는 경우를 결정론적 모형이라고 하며, 주식가격처럼 임의적 변동에 의하여 매번 다른 결과값을 보이는 경우는 확률론적 모형이라고 한다. 따라서 GBM은 확률미분방정식이다.

43) GBM은 전체 주식가격의 변화를 추세와 변동성으로 설명한다. 전체 주식가격의 변화량인 $dP$에서 $\mu$는 추세(기울기)로 설명되는 부분이고, $\sigma$는 변동성(가격의 진동)으로 설명되는 부분이다.

44) 2023년 3월 2일 통계청이 보도한 자료 '최근 경기순환기의 기준순환일 설정'에 따르면 우리나라

(2019년 1월 2일부터 2022년 12월 29일까지) 일별 가격 데이터를 사용한다.

이 데이터는 한국거래소의 KRX 정보데이터시스템에서 다운로드 받을 수 있다.

http://data.krx.co.kr/contents/MDC/MDI/mdiLoader/index.cmd?menuId=MDC0201#

:: 그림 92. KRX 정보데이터시스템 기본통계

위의 링크를 클릭하면 [그림 92]와 같은 화면이 표시된다.

화면 왼쪽 '기본 통계' 메뉴에서 [지수] – [주가지수] – [개별지수 시세 추이] 를 선택하고, '지수명'에는 KOSPI, '조회기간'에서 '2021년 1월 4일'부터 '2022 년 12월 29일'로 지정한다. '확인'을 누른 뒤, 화면의 오른쪽에 있는 '조회'를 누른다.

---

평균 경기순환주기는 53개월로 나타났으며, 따라서 KOSPI의 가격정보 추출기간을 4년(48개월) 으로 설정하였다. 가격정보 추출기간은 연구자의 판단에 따라 수정이 가능하다.
https://kostat.go.kr/boardDownload.es?bid=216&list_no=423996&seq=2

:: 그림 93. KOSPI 개별지수 시세 추이 조회

화면에 2020년 KOSPI 일별 가격 데이터가 출력된다. 화면 오른쪽 상단에 있는 보라색의 다운로드 팝업을 누르면, Excel 또는 CSV 파일을 선택하는 팝업창이 뜬다. CSV 파일을 선택하자.

KRX 정보데이터시스템에서 조회기간은 2년을 초과할 수 없기 때문에 4년 중 남은기간인 '2019년 1월 2일'부터 '2020년 12월 30일'의 KOSPI 시세 조회를 반복하여 다운로드 받아야 한다. 추가로 받은 데이터는 복사하여 하나의 파일에 모은다.

파일을 열면 총 10개의 변수를 확인할 수 있다. '일자', '종가'와 '거래량'만 제외하고 모두 삭제한다. 그리고 '일자', '종가', '거래량'은 각각 'date', 'close', 'volume'으로 이름을 변경하고, 'date'를 기준으로 '날짜/시간 오름차순 정렬'을 한 뒤 'kospi_ index.csv' 이름으로 파일을 작업 디렉토리에 저장한다. 'date'를 기준으로 실행한 오름차순 정렬은 KOSPI 지수의 올바른 변동성 계산을 위해 매우 중요하다.

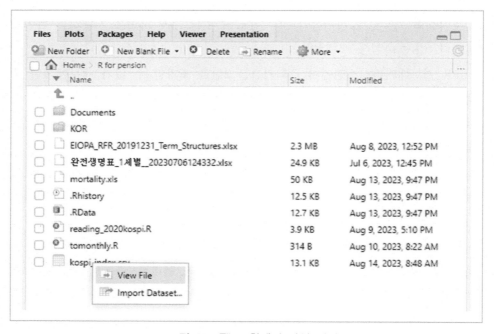

:: 그림 94. KOSPI 개별지수 시세 추이 데이터

RStudio® 오른쪽 하단의 Files 창에서 파일 내 값을 미리 확인할 수 있다.

| Files | Plots | Packages | Help | Viewer | Presentation | | |
|---|---|---|---|---|---|---|---|

New Folder ⊕ New Blank File ▾ ⊗ Delete ⇥ Rename ⚙ More ▾

☐ ⌂ Home › R for pension

| ▼ Name | Size | Modified |
|---|---|---|
| ⬆ .. | | |
| ☐ 📁 Documents | | |
| ☐ 📁 KOR | | |
| ☐ EIOPA_RFR_20191231_Term_Structures.xlsx | 2.3 MB | Aug 8, 2023, 12:52 PM |
| ☐ 완전생명표_1세별__20230706124332.xlsx | 24.9 KB | Jul 6, 2023, 12:45 PM |
| ☐ mortality.xls | 50 KB | Aug 13, 2023, 9:47 PM |
| ☐ .Rhistory | 12.5 KB | Aug 13, 2023, 9:47 PM |
| ☐ .RData | 12.7 KB | Aug 13, 2023, 9:47 PM |
| ☐ reading_2020kospi.R | 3.9 KB | Aug 9, 2023, 5:10 PM |
| ☐ tomonthly.R | 314 B | Aug 10, 2023, 8:22 AM |
| ☐ kospi_index.csv | 13.1 KB | Aug 14, 2023, 8:48 AM |

→ View File
📄 Import Dataset...

:: 그림 95. Files 창에서 파일 열기

파일을 선택하고 마우스 왼쪽 클릭을 하면 팝업박스가 뜨는데, 여기에서 'View File'을 선택하면 왼쪽 상단 창에서 파일을 확인할 수 있다.

::: 그림 96. 소스코드 창에서 데이터 읽기

파일은 방금 전 지정한 변수이름 'date', 'close', 'volume'이 헤더 행에 표시되어 있다.

다음의 스크립트로 파일을 읽어보자.

```
# 4개년(2019년부터 2022년까지) KOSPI 일별 지수 데이터 읽기

# 데이터 출처
#
http://data.krx.co.kr/contents/MDC/MDI/mdiLoader/index.cmd?menuId=
MDC0201

stockprices <- read.csv("kospi_index.csv",
                        header=TRUE,
                        sep=',',
                        dec='.')

# 3개 변수 988 관측치 , 변수이름: date, close, volume

stockprices
```

오른쪽 상단의 Environment 창에 파일에 3개의 변수와 988개의 관측치가
있다는 정보를 보여준다.

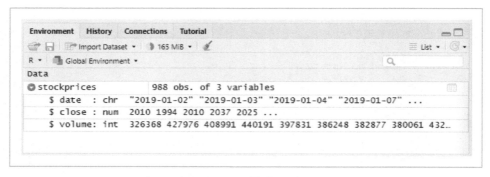

:: 그림 97. Environment 창에 표시된 데이터 정보

다음 스크립트로 KOSPI 일별 가격 데이터 값인 $P_t$ 벡터를 초기화 한다.

```
Pt <- stockprices$close
head(Pt)
```

'$' 기호를 사용하면 'stockprices' 행렬/데이터프레임 데이터에서 'close' 변수
를 선택할 수 있다. 'head()' 함수로 $P_t$ 벡터의 첫 6개의 열 데이터를 확인할
수 있다.

Console에 다음과 같은 결과가 표시된다.

:: 그림 98. 'Console'에 표시된 첫 KOSPI 지수 6개 데이터

아래의 스크립트에서 'c()' 함수로 $P_t$ 벡터의 길이만큼 0을 추가하여 'dailylog' 벡터를 초기화한다.

그리고 일별 주가의 변동률에 로그를 취하고, 'summary' 명령어로 평균, 분산 및 표준편차의 정보를 확인한다. 반복문 함수에 대해서는 페이지 29를 확인하라.

```
# KOSPI 일별 가격 데이터 초기화

Pt <- stockprices$close
head(Pt)

dailylog <- c(0, length = length(Pt))

for(i in 1:(length(Pt)-1)) (
    dailylog[i] <- log(Pt[i+1]/Pt[i])
)
# KOSPI 4년간 가격정보 데이터 기본통계 계산

summary(dailylog)

mean(dailylog)
var(dailylog)
sd(dailylog)
```

위의 스크립트를 실행하면 다음과 같은 결과가 출력된다.

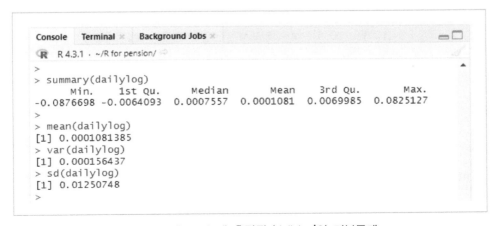

그림 99. Console에 출력된 'dailylog'의 기본통계

보정의 마지막 단계는 계산된 값을 연단위로 환산(annualized)하는 것이다. 정규분포를 따르는 임의변수의 1년간 관측치의 합계의 평균(분산)은 동일변수의 1년 평균(분산)에 1년 관측치 수를 곱한 것과 같다.

KOSPI의 거래일수는 252로 설정할 수 있다. 이 거래일수는 많은 문헌에서 공통적으로 사용하는 1년 평균 거래일수이며, 1년의 365일에서 주말과 9~10일의 공휴일을 뺀 숫자이다. Console에서 다음 스크립트를 실행하면 그 결과가 퍼센트로 출력된다.

```
# KOSPI 기본통계 연환산

mapct <- mean(dailylog)*252*100
vapct <- var(dailylog)*252*100
mapct
vapct
```

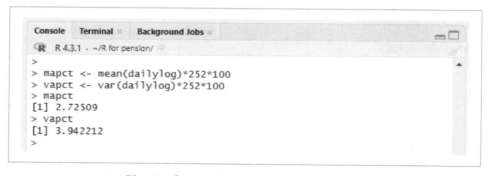

:: 그림 100. Console에 표시된 연환산 평균과 분산(%)

전체 스크립트는 다음과 같다.

```
# 4개년(2019년부터 2022년까지) KOSPI 일별 지수 데이터 읽기

# 데이터 출처
#
http://data.krx.co.kr/contents/MDC/MDI/mdiLoader/index.cmd?menuId=
MDC0201

 stockprices <- read.csv("kospi_index.csv",
```

```
                          header=TRUE,
                          sep=',',
                          dec='.')

# 3개 변수 988 관측치 , 변수이름: date, close, volume

stockprices

# KOSPI 일별 가격 데이터 초기화

Pt <- stockprices$close
head(Pt)

dailylog <- c(0, length = length(Pt))

for(i in 1:(length(Pt)-1)) (
    dailylog[i] <- log(Pt[i+1]/Pt[i])
)

# KOSPI 4년간 가격정보 데이터 기본통계 계산

summary(dailylog)

mean(dailylog)
var(dailylog)
sd(dailylog)

# KOSPI 기본통계 연환산

mapct <- mean(dailylog)*252*100
vapct <- var(dailylog)*252*100
mapct          # 연환산된 평균 ma
vapct          # 연환산된 평균 va
```

## (3) 미래 주가를 예측하는 R스크립트 분석

지금까지의 결과 (1)과 (2)를 요약하면 다음과 같다.

- 시점 $t$의 $P_t$ 해결방법 – 등식 <F.7.3.>과 <F.7.4.> 확인
- $P_t$의 확률밀도함수 – 등식 <F.7.5.> 확인
- 보정된 연환산 평균 및 분산은 다음과 같다.
    - 연환산된 평균 ma = 0.0273509

◦ 연환산된 분산 va = 0.03942212

시점 $t$의 순간과 짧은 시간 후 $\Delta t$의 순간을 생각해보자.

둘을 등식 <F.7.3.>에 대입하여 그 차이에 자연로그를 취하면,

<F.7.6.> $$\ln\left(\frac{P_{t+\Delta t}}{P_t}\right)=\left(\mu-\frac{\sigma^2}{2}\right)\times\Delta t+\sigma\times B_{\Delta t}$$

이는 평균과 분산을 가진 정규분포를 따른다.

<F.7.7.> $$\ln\left(\frac{P_{t+\Delta t}}{P_t}\right)\sim N\left(\left(\mu-\frac{\sigma^2}{2}\right)\times\Delta t,\sigma^2\times\Delta t\right)$$

앞서 KOSPI 지수가격의 평균과 분산을 계산하는 과정에서 $\Delta t$를 1 거래일로 지정하였고, 임의변수의 합계의 평균과 분산의 특징을 이용하여 연환산하기 위해 연간 거래일수인 252일을 곱하였다.

시뮬레이션 과정은 드리프트 모수 $\mu$와 변동성 모수인 $\sigma$의 추정값을 연환산한 값을 기반으로 구현된다. 모수를 연환산한 이유는 은퇴 후 연금자산 시뮬레이션이 연단위로 $n$년의 시간지평에 걸쳐 실행되기 때문이다. 시뮬레이션 과정의 시간 $\Delta t$의 기간은 1/n으로 설정될 것이다.

안타깝게도 이러한 시뮬레이션 조건은 기초가 되는 이론의 가정을 심각하게 위반하고 있으며, 따라서 은퇴 후 재무설계의 시뮬레이션에 적용되는 기하학적 브라운 운동의 유효성에 의문을 남길 수도 있다. 은퇴 후 시간지평은 최소 10년 이상이며, 따라서 GBM의 결과는 지나치게 단순화되었을 가능성도 있다.

이런 종류의 시뮬레이션의 결과는 언제나 오류의 가능성을 내포하고 있다.

하지만 장기간에 걸친 시뮬레이션이라는 조건에 주의를 기울이며 결과를 참고한다면, 이러한 시뮬레이션은 은퇴 후 다양한 소비패턴의 시나리오에 따른 손실확률에 대해 통찰력을 제공할 수 있다.

등식 <F.7.3.>과 <F.7.6.>에서 시간지평 $n$년 동안 시간 간격을 1년으로 지정하면

<F.7.8.> $\quad P_{t+1} = P_t \times e^{\left(\mu - \frac{\sigma^2}{2}\right) \times \left(\frac{1}{n}\right) + \sigma \times \sqrt{1/n} \; N(0,1)}$

따라서 다음의 추정된 모수를 사용하여 시뮬레이션을 실행할 수 있다.

<F.7.9.> $\quad \sigma = \sqrt{va} = 0.1986$

$$\mu = ma + \frac{1}{2}.\sigma^2 = 0.0470$$

그리고

<F.7.10.> $\quad P_{t+1} = P_t \times e^{\left(0.0470 - \frac{0.0394}{2}\right) \times \left(\frac{1}{n}\right) + 0.1986 \times \sqrt{1/n} \; N(0,1)}$

<F.7.10.>등식에 임의로 생성한 숫자에 기반한 몬테카를로(Monte Carlo) 시뮬레이션을 적용하여 미래의 시간경로에 따른 가격 $P_t$ 변화를 시뮬레이션 할수 있다.

## (4) GBM으로 예측한 KOSPI 지수 시뮬레이션

정규분포를 따르는 임의변수와 보정된 모수를 사용하여 등식<F.7.10.>으로 반복해서 계산하면 시간 $t = 0$의 가격 $P_0$에서 시작하는 시간경로에 있는 모든 주가를 예측할 수 있다.

가격 $P_0$는 KOSPI 일별 가격 데이터 중 2020년 1월 2일 가격인 2175.17로 설정하자.

그리고 보정된 연간 평균과 분산은 각각 2.74%와 3.94%이다.

$R$에서 초기화 후 행렬 $P_t$를 생성하자.

가격 $P_t$는 각 시뮬레이션에 대한 주가 변화의 경로를 행에 표현하며, 시간경과를 표현하는 값을 열에 넣는다.

:: 그림 101. 가격의 시간경로 정보를 담고 있는 행렬 데이터

행렬은 일반함수인 'matrix'로 생성할 수 있다.

행렬 데이터 생성 시 행과 열의 수를 정의할 수 있고, 행의 순서 및 이름도 선택적으로 지정할 수 있다. 행렬 $P_t$는 첫번째 열 전체에 0, 시간 $t = 0$에 모두 $P_0$값으로 초기화한다.

```
# 매개변수 초기화
num <- 100        # 시나리오 개수
n <- 30           # 시간지평(년)
P0 <- 2175.17     # 포트폴리오 가격 초기값
m <- 0.0470       # 연환산 GBM 드리프트 모수
s <- 0.1986       # 연환산 GBM 변동성 모수
t <- 1/n          # 시간 간격

# 다양한 시나리오의 시간경로에 있는 포트폴리오 가격

Pt = matrix(0, num, n+1)
Pt[,1] = P0
```

다음으로 시간지평과 시간경로에 따라 시간 간격마다 주가변화를 나타내는 $P_t$값을 벡터화로 반복하여 계산한다.

그래프의 좌표 정보를 저장하기 위해 최소값과 최대값도 계산한다.

```
for (j in seq(2,(n+1))) {
  Pt[,j] = Pt[,j-1]*exp((m-s^2/2)*t+s*rnorm(num)*sqrt(t))
}
ymin <- min(Pt); ymax <- max(Pt)
```

가격 $P_t$ 를 완성하기 위해 등식<F.7.10.>을 코드로 작성한다.

마지막으로 첫번째 메인 그래프를 작성하고 그 위에 보조선을 반복하여 추가한다.

```
plot(t(Pt)[,1], ylim = c(ymin, ymax), type = "l",
     xlab = "시간지평(년)",
     ylab = "포트폴리오 가격"); grid(lwd = 2)
for (j in seq(2,num)) {
  lines(t(Pt)[,j], col = "brown2", lty = 2)
}
```

그 결과는 다음 [그림 102]와 같다.

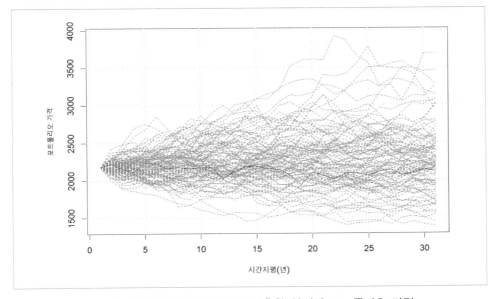

:•: 그림 102. GBM 프로세스로 예측한 30년간 포트폴리오 가격

물론 시뮬레이션 결과는 보정된 $\mu$와 $\sigma$뿐만 아니라 KOSPI 지수 데이터가 추출된 기간에 크게 좌우된다. 변동성이 높으면 분산은 증가한다.

### ▨ 7장 전체 코드 ▨

```
## 7장 "연금자산의 미래가치 예측하기" ##

rm(list = ls())
setwd("~/R for pension")

#========================================
# 4개년(2019년부터 2022년까지) KOSPI 일별 지수 데이터 읽기

# 데이터 출처
# http://data.krx.co.kr/contents/MDC/MDI/mdiLoader/index.cmd?
menuId=MDC0201

stockprices <- read.csv("kospi_index.csv",
                        header=TRUE,
                        sep=',',
                        dec='.')

# 3개 변수 988 관측치 , 변수이름: date, close, volume

stockprices

# KOSPI 일별 가격 데이터 초기화

Pt <- stockprices$close
head(Pt)

dailylog <- c(0, length = length(Pt))

for(i in 1:(length(Pt)-1)) (
    dailylog[i] <- log(Pt[i+1]/Pt[i])
)

# KOSPI 4년간 가격정보 데이터 기본통계 계산

summary(dailylog)

mean(dailylog)
var(dailylog)
sd(dailylog)

# KOSPI 기본통계 연환산
```

```
mapct <- mean(dailylog)*252*100
vapct <- var(dailylog)*252*100
mapct         # 연환산된 평균 ma
vapct         # 연환산된 평균 va

#====================================

# 기하학적브라운운동(GBM)을 활용한 연금자산 가격 예측

# 매개변수 초기화
num <- 100       # 시나리오 개수
n <- 30          # 시간지평(년)
P0 <- 2175.17    # 포트폴리오 가격 초기값
m <- 0.0470      # 연환산 GBM 드리프트 모수
s <- 0.1986      # 연환산 GBM 변동성 모수
t <- 1/n         # 시간 간격

# 다양한 시나리오의 시간경로에 있는 포트폴리오 가격

Pt = matrix(0, num, n+1)
Pt[,1] = P0

for (j in seq(2,(n+1))) {
   Pt[,j] = Pt[,j-1]*exp((m-s^2/2)*t+s*rnorm(num)*sqrt(t))
}
ymin <- min(Pt); ymax <- max(Pt)

plot(t(Pt)[,1], ylim = c(ymin, ymax), type = "l",
     xlab = "시간지평(년)",
     ylab = "포트폴리오 가격"); grid(lwd = 2)
for (j in seq(2,num)) {
   lines(t(Pt)[,j], col = "brown2", lty = 2)
}
```

# 제 8장

# 은퇴재무설계 계산기 만들기

이제까지 배운 개념들을 종합하면 확률적 자산수익률(stochastic asset returns)과 인플레이션을 반영한 연금인출(inflation adjusted withdrawals)을 적용한 은퇴재무설계 계산기를 R에서 구축할 수 있다.

사실 은퇴재무설계(retirement planning)는 우리가 더 많은 관심을 가져야 할 주제이다. 많은 이들이 더 이상 일할 수 없는 상황을 대비하여 소득기반을 구축하는데 관심을 두지 않거나, 막상 은퇴한 시점에 경제적으로 충분한 준비가 부족하여 곤란을 겪는 경우가 많다.

은퇴재무설계는 쉽지 않은 일이며, 은퇴 예정자와 관련된 많은 요소에 영향을 받는다. 때로는 은퇴자와 관련 없는, 또는 통제할 수 없는 요소에도 영향을 받기에 은퇴재무설계는 확률적 방식으로 접근해야 할 필요가 있다.

## (1) 은퇴재무설계 시 고려사항

노동시장으로 진입과 이탈 사이에서 근로자는 저축과 올바른 금융투자로 은퇴 후 생활에 필요한 현금흐름을 창출할 수 있는 자산을 구축하고, 특별한 경우 사망 이후 유족에게 유산을 남길수도 있다.

과거에는 보통 은퇴시점이 법적으로 정해진 연령으로 제한되어 있었다. 하지만 오늘날은 근로자가 은퇴 후에도 파트타임으로 노동에 참여하기 때문에 노동시장의 이탈이 단계적으로 이루어지는 편이다. 따라서 은퇴가 한 시점에 이루어지기보다는 기간에 걸쳐 이루어진다.

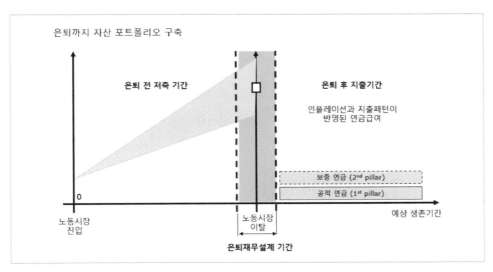

은퇴까지 자산 포트폴리오 구축

:: 그림 103. 은퇴 전과 후 재무설계 기간

    은퇴재무설계 계산기에서 은퇴연령이나 재무설계의 시작연령은 특정시점으로 고정되겠지만 시뮬레이션에서는 다양한 시나리오를 쉽게 반영할 수 있어야 한다. 이는 은퇴시점의 기대여명에 안전마진(safety margin)을 적용하여 재무설계의 시간지평을 설정하면 가능해진다.

    은퇴재무설계의 시간지평은 변수 'n'으로 표시한다.

    보통 은퇴시점까지 근로자가 적립한 자산은 근로기간에 나누어 특정 리스크에 노출되어 있는 혼합된 금융자산군에 투자한 포트폴리오로 볼 수 있다.

    이 단일 포트폴리오는 변수 'm'으로 표시된 평균값과 변수 's'로 표시된 표준편차 또는 변동성을 가지며, 이러한 설정은 첫번째 자산가격 예측방법에서 하나의 GBM프로세스로 전역화(globalized) 하였다. GBM프로세스의 구축이나 관련 보정이슈에 대해 알고 싶다면 7장을 확인하라.

    7장에서 사용한 보정방법은 은퇴재무설계 계산기에 적용되는 중요한 가설이며, 재무설계 결과에도 중대한 영향을 준다. 즉, 보정 후 주식에 노출된 리스크는 평균화 되며, 리스크가 제거되는 시점(timing)은 무시된다. 보통 시간지평이 짧을수록 높은 변동성(리스크)의 특징을 가지는 주식은 은퇴자산을 적립하는 포트폴리오에서 이탈하게 된다. 이러한 조정과정을 리밸런싱(rebalancing)이라고

하며, 첫번째 자산가격 예측방법에서 이러한 과정은 적용되지 않았다. 두번째 자산가격 예측방법에서는 보다 높은 수익을 달성하기 위해 예비 은퇴자의 리스크 허용한계(risk tolerance)와 리스크 선호도(risk appetite) 정보를 어느 정도 반영할 수 있다. 리스크 허용한계란 포트폴리오의 단기 변동성(리스크)에 대해 투자자가 허용할 수 있는 한계이며, 리스크 선호도는 수익에 따라 투자자가 변동성을 추구하거나 회피하려는 의사의 정도를 뜻한다.

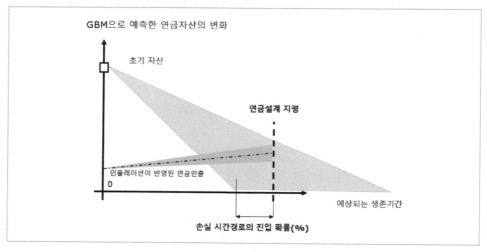

∷ 그림 104. 시간지평 내 은퇴재무설계 예상결과

또한, 은퇴기간 동안 개별 지출패턴을 입력모수로 지정하여 적용될 것이다. 지출패턴에 따른 연금인출은 첫번째 방법에서 GBM프로세스와 상관이 없지만, 두번째 GBM프로세스에는 인플레이션이 연금인출에 반영되며 입력되는 모수 중에 포함될 것이다. 변수 'im'으로 표시되는 드리프트 모수는 인플레이션을 훨씬 상회하는 연금의 상승이나 인플레이션 적용 후 실질 연금의 감소를 의미하는 음의 드리프트 모수로 작용할 수 있다. 드리프트 모수를 0으로 지정하면 'is'로 표시되는 변동성의 유무에 관계없이 고정된 연금지급의 패턴으로 설정할 수 있다.

은퇴 후 지출이 하락했다가 다시 상승하는 U자형[45] 지출패턴을 예상하는 사

---

45) 은퇴 후 지출이 줄어들다가 사망 전 단계에서 의료비 지출이 늘어나면서 소비패턴이 U자 형태

람들을 위해서는 은퇴재무설계 계산기에서 초기 연금자산이 짧은 시간동안 고정된 금액만큼 감소하다가 지출이 증가하는 패턴으로 조정하여 비슷하게 구현할 수 있다. 여러 종류의 자산과 상응하는 GBM프로세스 간의 공분산(covariance)을 포함하여 은퇴기간의 모든 가정은 필요에 따라 변경이 가능하다.

은퇴재무설계 계산기에서 가장 중요한 것은 현실적인 시간지평 내에서 은퇴시점까지 마련한 연금자산의 규모, 개인별 리스크 허용한계에 기초한 GBM프로세스, 그리고 선택한 지출패턴을 반영했을 때 사망까지 연금자산을 유지할 수 없는 시간경로의 시나리오를 확률적으로 계산하는 것이다.

이러한 시간경로는 연금자산이 손실(shortfall) 상태에 있다고 볼 수 있다. 다시 말해 은퇴 후 노후생활에 필요한 지속적인 현금흐름을 만들기 위해 요구되는 초과수익률을 달성하지 못할 가능성이 큰 것이다. 즉, 보유한 포트폴리오가 연금인출의 조건이나 다른 입력모수 또는 요구수익률을 만족시키지 못하는 상황을 의미한다. 손실의 확률이 커질수록 예비 은퇴자가 희망하는 은퇴재무설계는 실현하기 어려워진다.

8장의 은퇴재무설계 계산기는 비록 기초적인 개념을 사용하고 있지만, 연금뿐만 아니라 은퇴자의 순저축여력과 은퇴 후 희망하는 지출패턴을 재무설계에 반영할 수 있는 매우 강력한 도구이다.

## (2) 변수의 설정과 R프로그램

은퇴재무설계 계산기에서 변수는 다음과 같이 설정할 수 있다. 포트폴리오의 가치는 행렬 'P', 연금인출은 행렬 'W'이며, 두 행렬은 시간경로를 표시하는 $n+1$개의 열을 가지고 있으며, 행의 수는 실행할 시뮬레이션 시나리오의 수와 같다. 시나리오의 수는 은퇴재무설계 계산기에서 고정하거나, 또는 입력하여 지정이 가능하며, 변수 'num'으로 표시되어 있다. 각 행렬의 첫번째 열은 초기자산의 가치(P0로 표시)와 첫번째 연금인출액(W0로 표시)으로 초기화되어 있다. 연금인출은 매년 초에 발생하는 것으로 가정한다.

손실(shortfall) 시나리오는 행렬 S와 같은 차원으로 설정된다.

---

를 띠게 된다는 이론

아래는 은퇴재무설계 계산기 R스크립트의 시작 부분으로 입력모수를 입력하고 초기화하는 단계이다.

```
# 기본 은퇴재무설계 도구 – 확률적 자산수익률과 인플레이션 조정된 연금인출

# 입력 모수
#------------------------------
P0 <- 800000        # 초기 자산
m <- 0.0272         # GBM 드리프트 변수
s <- 0.0394         # GBM 변동성 변수
im <- 0.02          # 평균 인플레이션율 또는 연금지급액 인상률
is <- 0.04          # 인플레이션 표준편차 – 수익률과 상관관계 없음

W0 <- 70000         # 매년 지급되는 고정 연금액
n <- 10             # 은퇴재무설계 기간(년)
t <- 1/n            # 시간 단위 간격
num <- 100          # 시뮬레이션 시나리오 수


# 시뮬레이션
#------------------------------------

P <- matrix(0, num, n+1)    # 포트폴리오 가치의 시간경로 시나리오 행렬
P[,1] <- P0-W0

W <- matrix(0, num, n+1)    # 연금지급에 따른 시나리오 행렬
W[,1] <- W0

S <- matrix(0, num, n+1)    # 손실 시나리오 행렬
```

행렬 'P'와 'W'의 첫번째 열은 모수를 입력하여 채워졌으므로, 이제 가장 중요한 부분은 GBM프로세스에 입력한 모수를 적용하여 포트폴리오 가치와 연금인출의 변화를 계산하는 것이다.

시간경로의 구성을 위한 반복계산은 for 반복문을 사용하여 'j'를 2번째 열에서 시간경로의 끝인 n+1까지 계산한다. 반복문이 생소하다면, 페이지 29을 참고하거나 도움말을 참고하라.

```
for (j in seq(2,(n+1))) {
  P[,j] = P[,j-1]*exp((m-s^2/2)*t+s*rnorm(num)*sqrt(t))
  W[,j] = W[,j-1]*exp((im-is^2/2)*t+is*rnorm(num)*sqrt(t))
  P[,j] = P[,j]-W[,j]
}
```

위의 스크랩트에서 사용된 등식은 7장에서 GBM프로세스와 함께 소개한 등식과 동일하다.

R프로그래밍의 장점은 벡터화와 많은 수의 시뮬레이션을 수행하더라도 반복계산이 필요 없다는 점이다. 벡터화를 활용하면 벡터의 차원 수에 맞추어 반복계산을 할 필요가 없다.

한편, 그래프를 그리기 위해 최소값과 최대값도 확인한다. R은 데이터 시각화에 필요한 좌표를 단순할당으로 지정할 수 있다. 과거의 프로그래밍 언어에서는 그래프를 그릴 때마다 치수를 기억하여 일일이 지정해야 했다.

```
ymin <- max(0, min(P)); ymax <- max(P, P0)
yminW <- max(0, min(W)); ymaxW <- max(W, W0)
```

손실의 확률 또는 음수의 결과가 나오는 연금자산의 시간경로 시나리오의 비중(%)은 NA(value not available) 개념으로 계산한다.

NA는 결측값을 의미하며, 0으로 나누는 것 같이 계산이 불가능한 경우 NaN(not a number)로 표시한다. 따라서 가격 P가 0보다 작은 경우 행렬 'S'의 각 요소는 NA값으로 초기화된다. 여기에서 반복함수나 반복계산은 필요하지 않다.

일반함수 'is.na'는 논리 테스트를 수행하며 결과가 NA일 때 TRUE 값을 반환한다. 연산자 '!'는 연산자 뒤에 오는 표현식을 반전 또는 부정한다. 행렬 S의 마지막 열에서 NA값이 아닌 셀의 합계를 계산하면 최종적으로 유효한 시나리오의 수(즉, NA값이 아닌)를 반환하며, 전체 시나리오의 수인 'num'으로 나눈 값에서 1에서 빼면 연금자산이 손실상태가 되는 시나리오의 확률(%)을 계산할 수 있다.

```
# P가 0보다 작은 값이면 손실의 상태를 의미한다.
S[P<0] <- NA
pshort <- 0
pshort <- 1-sum(!is.na(S[,n+1]))/num
```

마지막으로 결과를 시각화하기 전에 평균 연금인출액('MW')과 전체 시나리오의 평균 연금인출액('MMW')의 시간경로 유용하게 활용될 수 있다. 이 개념은 벡터 'MW'와 스칼라 'MMW'로 각각 표시된다.

```
MW <- c(rep(0), num)
MW <- colSums(W)/num
MMW <- as.integer(sum(MW)/(n+1))
```

(n+1) 차원으로 벡터 'MW'를 초기화 후, 일반함수 'colSums'를 사용하여 행렬 'W'의 열의 값 합계를 추가하는 계산을 수행한다.

전체 평균 연금지급액의 평균인 'MMW'는 벡터 'MW'의 요소의 합을 상응하는 차원 수로 나눈 값이다.

## (3) 시각화

은퇴재무설계의 결과로 재미있는 그래프 2가지를 생성해보자.

첫째는 GBM프로세스에서 예측된 포트폴리오 가치변화의 시간경로를 나타내는 그래프이다. 이 그래프에는 인플레이션으로 조정된 연금인출이 반영되었고, 연금자산의 손실 시나리오의 비율을 백분율로 표시한다.

R은 큰 숫자를 지수표기법으로 표기한다. 예로, R에서 80,000,000을 시각화하면 이를 '8e+7'로 표기한다. 'scipen' 옵션은 큰 숫자가 지수표기법으로 표시되지 않도록 조정하여, 그래프 축의 값을 보기 편하게 표시한다. 앞서 저장한 최소값과 최대값은 그래프 y축의 크기를 설정하는데 사용된다. x축 값은 입력한 시간지평의 길이에 따라 결정된다.

'cex'는 그래프의 메인 제목의 텍스트 크기를 지정하는 계수이다.

일반함수 'paste'로 계산된 값을 문자열로 변환하여 제목 사이에 삽입하고,

'sep'으로 문자열을 구분하여 출력할 수 있다. '\n' 연산자는 제목 내에서 줄바꿈을 실행해준다. 범례의 라벨도 비슷한 방법으로 구성될 수 있다.

```r
# 연금자산 시뮬레이션 시각화

options(scipen = 100)
plot(P[1,], lty = 2,
    xlim = c(1, n+1), ylim = c(ymin, ymax),
    type = "l",
    xlab = "은퇴재무설계 시간지평(년)", ylab = "연금자산 가치",
        cex.main = 0.9,
    main = paste('GBM으로 예측된 연금자산 시나리오 중 ', sep = "\n",
        paste( 100 * pshort, '%가 손실 상태입니다.')))

for(j in seq(1,num)) {
    lines(P[j,], col = "brown2", lty = 2)
}

grid(lwd = 2)
legend("bottomleft", inset = 0.02,
        legend = c(paste('초기 자산(만원):', P0),
                paste('물가조정 최초 연금인출(만원):', W0),
                paste('수익률:', 100*m,'% 평균 그리고',
                    100*s,'% 리스크'),
                paste('인플레이션:', 100*im, '% 평균 그리고',
                    100*is, '% 변동성')),
        cex=0.8)
```

두번째 그래프는 은퇴 후 원하는 지출패턴을 지정하고, 그 영향을 시간경로에 따라 시각화하여 표현한다. 첫번째와 비슷한 방식으로 생성되지만, y축 값이 다르다.

여기에 시간 경과에 따른 평균 연금인출액을 나타내는 선을 추가한다. 'lwd=5'와 'lty=1' 옵션으로 두꺼운 실선을 지정할 수 있다.

범례에는 전체 평균 연금인출액 합계의 평균이 추가로 출력된다.

```
# 연금인출 시뮬레이션 시각화

options(scipen = 100)
plot(W[1,], lty = 2, xlim = c(1, n+1), ylim = c(yminW, ymaxW),
     type = "l", xlab = "은퇴재무설계 시간지평(년)", ylab = "연금인출(원)",
     cex.main = 0.9, main = paste('예상 지출패턴'))
lines(MW, lty = 1, lwd = 5, type = "b", pch = 19)
for(j in seq(1,num)) {
    lines(W[j,], col = "brown2", lty = 2)
}
grid(lwd = 2)
legend ("topleft", inset = 0.02,
        legend = c(paste('물가조정 최초 연금인출(만원):',W0),
                   paste('인플레이션:',100*im,'% 평균/',
                        100*is,'% 변동성'),
                   paste('전체 평균 연금인출(만원):',MMW)),
        cex = 0.8)
```

## (4) 출력결과와 설명

이제까지 작성한 스크립트를 실행하면 다음의 두 그래프가 생성된다.

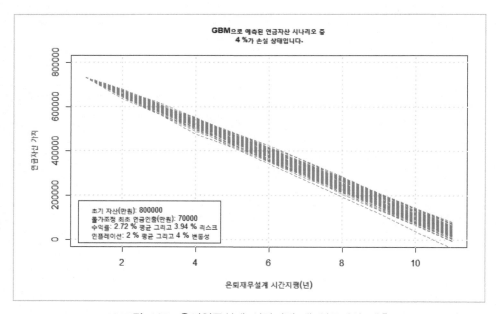

:: 그림 105. 은퇴연금설계 시간지평 내 연금자산 예측

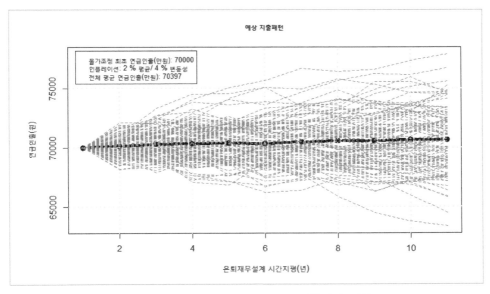

:: 그림 106. 다양한 가정에 따른 지출패턴 예측

시뮬레이션 결과는 입력한 모수에 따라 바뀐다. 예시의 은퇴재무설계의 시간 지평은 임의적으로 10년이라는 비교적 짧은 기간을 선택했으며, 이는 예비 은퇴자의 상황과 계리적 기대여명에 따라 다르게 선택할 수 있다.

GBM프로세스에서 보정은 매우 중요하다. 일반적으로 주식시장의 향후 방향성을 예측할 때 글로벌 레퍼런스 포트폴리오[46](reference portfolio)에 기반하여 분석을 하지만, 여기서는 KOSPI 지수에 기반하므로 이를 감안하여 결과를 평가하도록 하자. 또한, 시뮬레이션 된 수익률과 인플레이션 간에는 상관관계가 없다고 보았다.

은퇴재무설계 계산기의 가치는 실행하는 시뮬레이션에서 의미 있는 '가정(what-if)' 분석이 구현 가능한지에 달려있다. 개인별 투자 성과를 결정하는데 중요한 요소인 리스크 허용한계와 선호도, 그리고 은퇴자의 저축(적립)능력은 은퇴 시점에 적립되는 초기 연금자산의 규모를 결정하며, 이에 따라 은퇴재무설계 계산기는 은퇴자가 희망하는 지출패턴이 현실적인지 비현실적인지를 판단할 수 있는 근거를 제공한다.

---

46) 투자가 표방하는 위험성향과 방향성을 비교하는 데 사용되는 기준 포트폴리오

## 8장 전체 코드

```
## 8장 "은퇴재무설계 계산기 만들기" ##

# 기본 은퇴재무설계 도구 - 확률적 자산수익률과 인플레이션이 조정된 연금인출

rm(list = ls())
setwd("~/R for pension")

# 입력 모수
#-------------------------------------
P0 <- 800000        # 초기 자산
m <- 0.0272         # GBM 드리프트 변수
s <- 0.0394         # GBM 변동성 변수
im <- 0.02          # 평균 인플레이션율 또는 연금지급액 인상률
is <- 0.04          # 인플레이션 표준편차 - 수익률과 상관관계 없음

W0 <- 70000         # 매년 지급되는 고정 연금액
n <- 10             # 은퇴재무설계 기간(년)
t <- 1/n            # 시간 단위 간격
num <- 100          # 시뮬레이션 시나리오 수

# 시뮬레이션
#-------------------------------------

P <- matrix(0, num, n+1)   # 포트폴리오 가치의 시간경로 시나리오 행렬
P[,1] <- P0-W0

W <- matrix(0, num, n+1)   # 연금지급에 따른 시나리오 행렬
W[,1] <- W0

S <- matrix(0, num, n+1)    # 손실 시나리오 행렬

for (j in seq(2,(n+1))) {
   P[,j] = P[,j-1]*exp((m-s^2/2)*t+s*rnorm(num)*sqrt(t))
   W[,j] = W[,j-1]*exp((im-is^2/2)*t+is*rnorm(num)*sqrt(t))
   P[,j] = P[,j]-W[,j]
}

ymin <- max(0,min(P)); ymax <- max(P,P0)
yminW <- max(0,min(W)); ymaxW <- max(W,W0)

# P가 0보다 작은 값이면 손실의 상태를 의미한다.
S[P<0] <- NA
pshort <- 0
pshort <- 1-sum(!is.na(S[,n+1]))/num
```

```r
MW <- c(rep(0), num)
MW <- colSums(W)/num
MMW <- as.integer(sum(MW)/(n+1))

#=====================================
# 연금자산 시뮬레이션 시각화
options(scipen = 100)
plot(P[1,], lty = 2,
     xlim = c(1, n+1), ylim = c(ymin, ymax),
     type = "l",
     xlab = "은퇴재무설계 시간지평(년)", ylab = "연금자산 가치",
     cex.main = 0.9,
     main = paste('GBM으로 예측된 연금자산 시나리오 중 ', sep = "\n",
                  paste( 100 * pshort, '%가 손실 상태입니다.')))

for(j in seq(1,num)) {
   lines(P[j,], col = "brown2", lty = 2)
}

grid(lwd = 2)
legend("bottomleft", inset = 0.02,
       legend = c(paste('초기 자산(만원):', P0),
                  paste('물가조정 최초 연금인출(만원):', W0),
                  paste('수익률:', 100*m,'% 평균 그리고',
                        100*s,'% 리스크'),
                  paste('인플레이션:', 100*im, '% 평균 그리고',
                        100*is, '% 변동성')),
       cex=0.8)

# 연금인출 시뮬레이션 시각화

options(scipen = 100)
plot(W[1,], lty = 2, xlim = c(1, n+1), ylim = c(yminW, ymaxW),
     type = "l", xlab = "은퇴재무설계 시간지평(년)", ylab = "연금인출(원)",
     cex.main = 0.9, main = paste('예상 지출패턴'))
lines(MW, lty = 1, lwd = 5, type = "b", pch = 19)
for(j in seq(1,num)) {
   lines(W[j,], col = "brown2", lty = 2)
}
grid(lwd = 2)
legend("topleft", inset = 0.02,
       legend = c(paste('물가조정 최초 연금인출(만원):',W0),
                  paste('인플레이션:',100*im,'% 평균/',
                        100*is,'% 변동성'),
                  paste('전체 평균 연금인출(만원):',MMW) ),
       cex = 0.8)
```

# RShiny®로 연금 애플리케이션
# 웹에서 공유하기

　마지막 장에서 소개하는 R의 기능은 여러분이 상상하는 것 이상일 것이다. 이는 R엔진으로 구축한 은퇴재무설계 계산기를 RShiny 패키지를 활용하여 웹에서 공유하는 것이다. RShiny를 배운다면 R로 만든 어떠한 프로그램도 웹에서 공유할 수 있다.

　RShiny는 R스크립트를 배치(deployment)하고 웹 브라우저에서 R스크립트의 런타임[47](runtime)을 사용할 수 있도록 해준다. 웹 페이지 구성은 생각보다 쉬우며, HTML과 CCS(cascading style sheets)와 결합도 가능하다. 지금도 R커뮤니티를 통해 R애플리케이션을 공유할 수 있는 다양하고 새로운 방법이 계속해서 개발되고 있다.

　이제까지 구축한 은퇴재무설계 계산기를 웹에서 공유해보자. 아직 RShiny를 설치하지 않았다면, 이 책의 부록을 참고하여 설치하도록 하자. 필수는 아니지만 RShiny 무료 계정도 생성할 수 있다.

　은퇴재무설계 계산기를 배치하기 전에 다음의 갤러리에서 RShiny 패키지로 만들 수 있는 다양한 예시를 살펴보고 여러분 만의 아이디어를 구상해보자.

https://shiny.rstudio.com/gallery/

---

47) 프로그래밍 코드가 실행되는 동작을 의미한다.

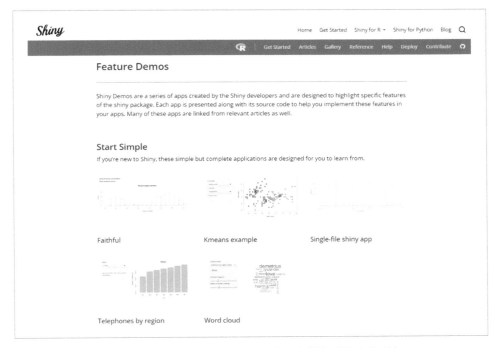

:: 그림 107. RShiny로 배치가능한 다양한 애플리케이션

목록 중에는 8장에서 개발한 은퇴재무설계 계산기와 유사한 애플리케이션도 보인다. 'Application layout' 섹션 밑에 'Retirement simulation' 애플리케이션을 확인해보자. 이 책의 은퇴재무설계 계산기가 'Retirement simulation'과 차별되는 점은 자산가치의 변화를 GBM프로세스로 시간경로에 따라 도출하였고, 연금인출 패턴을 입력모수로 지정하여 도출한 다양한 시나리오를 시각적으로 표현하였으며, 'tabPanels' 명령어로 애플리케이션을 여러 페이지에 배치한 점이다.

## (1) RShiny 스크립트의 기본구조

RStudio®를 열고 상단 메뉴 중 'File'에서 'New File'을 선택하자. Shiny Web App 파일은 R스크립트의 구조와는 다르다. [그림 108]과 같이 Shiny Web App을 메뉴에서 선택하자.

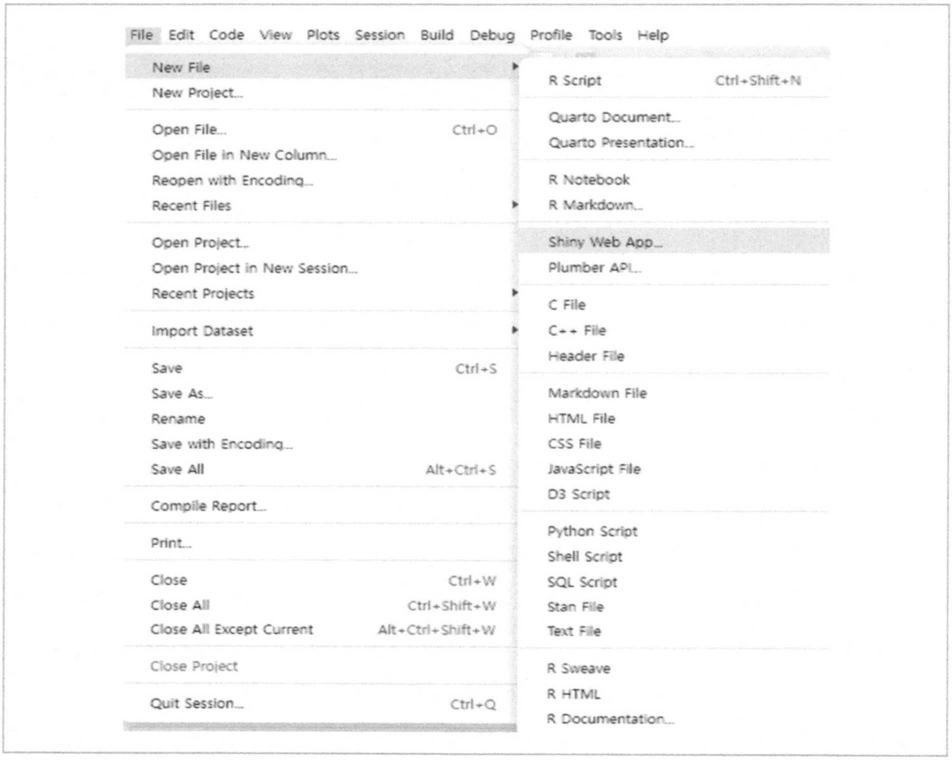

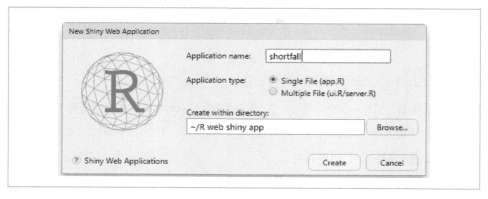

**그림 108. RStudio® 메뉴에서 Shiny Web App 선택하기**

팝업 메뉴가 뜨면 애플리케이션 이름을 지정하자. 여기에서는 이름을 'shortfall'로 지정한다. 그리고 애플리케이션이 생성될 디렉토리를 생성하자.

**그림 109. RStudio®에서 새 Shiny Web App 생성하기**

애플리케이션 유형(application type)은 단일 파일(Single File) 또는 여러 개의 파일(Multiple File) 중에 선택할 수 있다. 모든 Shiny Web App은 기본적으로 세 가지 요소, 즉 사용자 인터페이스 UI를 위한 스크립트 부분, 서버를 위한 스크립트 부분, 그리고 shinyApp 부분으로 구성되어 있다. 예전의 Shiny Apps은 UI부분(ui.R)과 서버부분(server.R)이 나누어져 구성되어 있었지만, 이제는 두 부분이 하나의 App(app.R)으로 통합되었다.

보다 직관적인 단일파일(Single File)을 선택하자. 앞서 설명한 것처럼 애플리케이션을 배치하려면 이름(app.R)을 반드시 지정해야 한다.

이제 애플리케이션의 구조를 만들어보자(버튼 생성).

RStudio® 최신버전은 'app.R'을 표준이름으로 파일을 생성하면, 곧바로 실행 가능한 샘플 코드가 Shiny 스크립트에 채워진 상태로 시작된다. 이에 대해 자세히 설명한 블로그나 유튜브가 많이 있으므로 필요한 경우 참고하길 바란다.

2가지 예시를 살펴보자.

첫번째 예시인 [그림 110]을 보면 Shiny 스크립트의 주요 구조가 명확하게 구분되어 있다는 것을 확인할 수 있다. 이 구조는 예시가 바뀌더라도 크게 변하지 않을 것이다.

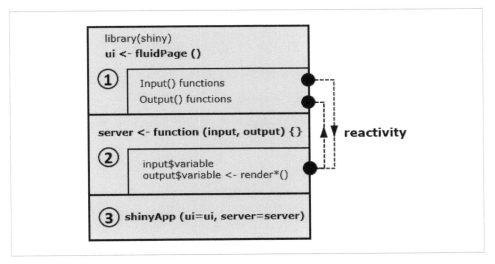

:: 그림 110. RShiny® 스크립트의 주요 구조

첫번째 ① UI부분은 'ui <- fluidPage()' 명령문으로 시작되며, 사용자 인터페이스, 즉 어떤 내용을 어디에 어떻게 배치할지를 정의하는 곳이다. 'fluidPage'는 행으로 구성되어 있는 유동적인 페이지 레이아웃(page layout)을 생성하는 함수인데, 요소들을 하나의 그룹으로 묶거나, 유동적인 행 내에서 열의 수평공간의 간격을 상대적으로 조절할 수 있다. 유동적 페이지(fluid page)는 웹 브라우저의 넓이와 유형에 따라 실시간으로 요소의 크기를 조절한다. UI부분에는 기본적으로 입력함수가 위치하며, UI부분에서 입력된 값은 계산을 위해 서버부분으로 전달하며, UI부분은 서버부분에서 생성되어 전달되는 값을 출력하는 출력함수도 위치한다.

두번째 ② 서버부분은 'server <- function (input, output){ }' 명령문으로 시작하며 R스크립트의 핵심이자, 필요한 모든 계산을 수행하고, 이를 구성하여, 결과값을 UI부분으로 보내는 역할을 한다.

세번째 ③ 부분인 'shinyApp (ui=ui, server=server)'는 UI부분과 서버부분을 결합하여 Shiny Web App 전체를 구성하는 역할을 한다.

RShiny의 강점은 두 주요 부분, 즉 UI부분과 서버부분 간의 상호연결을 함수가 관리하며 생기는 연동성(reactivity)에 있다. UI에서 입력하는 값이 바뀔 때마다 서버부분은 이에 반응하여 실행하며 매번 새로운 결과가 출력된다.

8장에서 개발했던 은퇴재무설계 계산기를 RShiny를 사용하여 배치하면 사용자는 원하는 대로 입력모수를 변경할 수 있으며, 입력된 값이 서버부분으로 전달되면 포트폴리오와 선택한 지출패턴의 그래프와 함께 GBM프로세스를 따르는 포트폴리오 가치변화의 시간경로를 실시간으로 계산한다.

두번째 예시로 입력함수인 'sliderInput'과 관련된 몇 줄의 코드를 살펴보자. 이 코드는 보통 다음과 같은 구조로 되어있다.

```
sliderInput("sliderName", label = h3("Slider"), min = 0,
       max = 100, value = 50)
```

이 코드를 UI부분에 입력하면 화면에 입력용 슬라이더를 위치시킨다. 변수에 할당된 입력값이 'sliderName' 또는 함수 내 첫번째 위치에서 지정하는 이름에 할당되어 저장된다. [그림 111]의 슬라이더는 'siderInput' 함수의 괄호 내 두번째 위치에 'Slider'라는 라벨(label)이름과 텍스트 크기 'h3'으로 지정된 결과이다. 슬라이더의 입력값의 범위를 최소(min)를 0으로, 최대(max)를 100으로 지정하고, 기본값(default)을 50으로 지정한다.

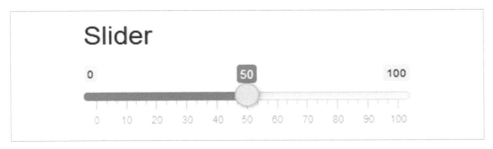

:: 그림 111. app.R에서 실행되는 슬라이더

이런 유형의 입력 슬라이더는 사용자에게 상당히 직관적이어서 은퇴재무설계 계산기에서 주요 입력도구로 사용할 것이다. 사용자가 슬라이더로 입력값을 바꿀 때마다 시간경로에 따른 포트폴리오 가치변화는 재계산되고 웹 애플리케이션에도 실시간으로 반영되어 출력된다.

물론 이외에도 많은 종류의 입력 함수가 있다. RShiny 포털에서 다른 입력함수도 살펴보고 선호하는 입력 위젯으로 변경도 가능하다.

https://shiny.rstudio.com/gallery/widget-gallery.html

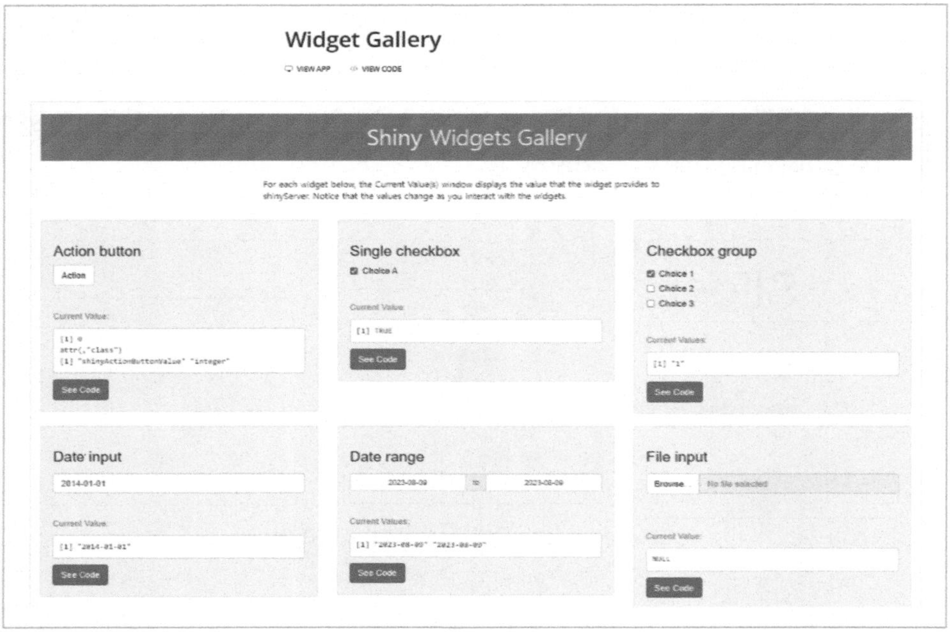

그림 112. Shiny의 위젯 갤러리

[그림 112]의 각 위젯을 코드조각[48](code-snippet)으로 활용하면, 웹 애플리케이션의 UI를 구성할 때 쉽고 빠르게 입력유형을 만드는데 사용할 수 있다.

## (2) 연금위험 계산기의 UI 구성하기

연금위험 계산기는 총 7개의 모수를 입력하게 된다. 각 변수의 이름은 8장의 은퇴재무설계 계산기에서 사용된 이름과 동일하다.

· 은퇴재무설계 시간지평, 'n'으로 표시
· 은퇴 초기 연금자산, 'P0'로 표시
· 최초년도 연금인출액, 'W0'로 표시
· 평균 연수익률 'm'과 평균 연간 리스크 's'의 특징을 가진 자산 포트폴리오
· 인플레이션 또는 인플레이션 증가분을 제외한 순연금인출의 연평균 증가율

---

48) 코드 내에서 재사용 가능한 소스코드나 텍스트의 작은 부분을 일컫는 프로그래밍 용어, 이를 활용하면 쉽고 빠르게 코딩이 가능하다

'im' 및 연평균 변동성 'is'

UI부분에 슬라이더 입력함수를 배치하여 각 모수에 값을 입력할 수 있도록 한다.

단일 페이지의 애플리케이션의 경우 'fluidPage'에서 코딩 구조가 시작되며, 여기에 행(열 요소와 함께)의 정보가 포함된다. 연금위험 계산기의 경우 애플리케이션 화면에 배치될 3개의 탭(tabs), 또는 페이지를 상위단계에서 그룹으로 지정할 것이다. 따라서 [그림 113]과 같이 'fluidPage'는 이 네비게이션 구조의 뒤(또는 하위단계)에 위치하게 되고 'navbarPage' 명령문에 의해 시작된다.

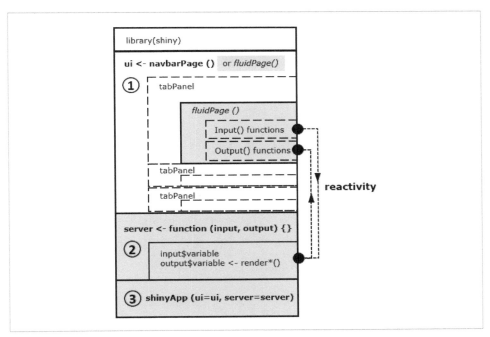

:: 그림 113. 'navbarPage' 명령어는 다수의 'tabPanel'를 입력 허용함

[그림 113]의 ①에서는 'tabPanel' 명령어로 총 3개의 탭 페이지를 생성하였다. 이 중 첫번째 탭에는 메인 애플리케이션이 위치하며, 두번째 탭에는 애플리케이션 사용의 '안내(Guidance)', 세번째 탭에는 사용 전 '고지사항(Disclaimer)'이 입력될 것이다. 물론 모든 내용을 하나의 탭 페이지에 표시하는 것도 가능하

지만, 사용자 편의성을 높이기 위해 각 내용을 별도의 탭 페이지에 표시하였다.
3개의 'tabPenel'을 생성한다.

· 연금위험 계산기 애플리케이션의 메인 탭
· 간단한 설명서와 안내의 두번째 탭
· 사용 전 고지사항의 세번째 탭

두번째와 세번째 탭은 사용자가 직접 입력한 텍스트로 채워지며, 이는 RShiny
에서 코드와 HTML-코딩의 조합이 용이하다는 것을 보여주는 좋은 예시이다.
제목(header) 페이지 레이아웃의 최종 모습은 다음과 같다.

:: 그림 114. 연금위험 계산기의 제목 페이지 레이아웃

마지막으로 UI스크립트의 입력기능을 프로그래밍 하기 전에 반드시 정의되어
야 하는 항목이 있다. 그것은 바로 UI페이지의 레이아웃이다.

UI페이지 레이아웃은 다양한 방법으로 정의할 수 있다.

'sidebarPanel()' 함수는 애플리케이션을 두 개의 공간으로 나눌 때 사용될
수 있다. 여기에서는 결과 그래프를 보여주는 메인 패널(main panel)과 값을 입
력하는 사이드바가 위치한 패널(sidebar panel)로 나눈다.

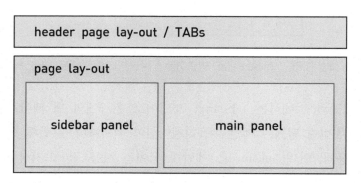

:: 그림 115. 'sidebarPanel' 함수로 구성한 페이지 레이아웃

이제 UI의 첫번째 tabPanel에서 입력 기능의 코딩이 직관적이고 간편해진다.

```
## app.R ##
ui <- navbarPage("RforPension.kr",

    tabPanel("연금위험 계산기",

        fluidPage(

            sidebarPanel(

                sliderInput("n",
                            "재무설계 시간지평(년):",
                            min = 1,
                            max = 45,
                            value = 10),

                sliderInput("P0",
                            "초기 연금자산(만원):",
                            min = 10000,
                            max = 500000,
                            value = 80000,
                            step = 5000,
                            sep="."),

                sliderInput("W0",
                            "최초 연금인출액(만원):",
                            min = 1000,
                            max = 10000,
                            value = 5000,
                            step = 500,
                            sep="."),

                sliderInput("m",
                            "포트폴리오 연평균 기대수익률(%):",
                            min = 0.0,
                            max = 30.0,
                            value = 3.0,
                            step = 0.25),

                sliderInput("s",
                            "포트폴리오 연평균 변동성(%):",
                            min = 0.0,
                            max = 25.0,
                            value = 6.0,
                            step = 0.25),
```

```
            sliderInput("im",
                       "인플레이션 또는 연금인출 연평균 인상률(%):",
                       min = -10,
                       max = 20,
                       value = 2.0,
                       step = 0.25),

            sliderInput("is",
                       "인플레이션 또는 연금인출 연평균 변동성(%):",
                       min = 0.0,
                       max = 25.0,
                       value = 4.0,
                       step = 0.25)
            ),
```

모든 극소값(minima)과 극대값(maxima)은 사용자의 판단과 프로그램의 기능에 따라 설정할 수 있다. 연금설계기간을 표시하는 'n'은 최소 1년이며, 만약 반복문에 0을 입력하면 실행 시 에러가 발생한다.

R의 도움말 기능은 명령문의 구조에 대한 자세한 정보를 제공한다. 슬라이더를 정의할 때 'sep ='은 천단위로 구분기호를 넣도록 정의한다.

UI의 첫번째 'tabPanel'의 출력 함수는 최소 형태로 유지된다. 'mainPanel'에는 서버 부분에서 생성된 그래프 출력물(레이아웃 행렬 내 2개의 그래프)만 표시한다.

그래프에 'paths'라는 이름을 지정한다. 그래프에 지정한 이름은 연결고리가 되어 코드 내에서 서로를 연결할 수 있으며, 이로 UI와 서버 간에 상호작용을 가능하게 만들 수 있다. 그래프의 'height'와 다른 그 외 특징은 별도로 정의할 수 있다.

```
mainPanel(
    plotOutput("paths", height=600)
        )
```

표, 문자, 이미지 또는 HTML과 같은 다른 출력형태도 가능하다.

UI를 완성하려면 나머지 2개 tabPanel도 정의해야 한다. 이 패널에는 직접 입력한 텍스트만 입력한다.

'tabPanel' 함수에 라벨(tab-label)과 내용(content)을 입력하도록 하자.

```
tabPanel("tab-label","content"),
```

연금위험 계산기의 사용에 대한 안내(Guidance)과 고지사항(Disclaimer)을 넣어보자.

```
tabPanel("안내", "content"),

tabPanel("고지사항(Disclaimer)",

        HTML("<b>고지사항</b> <br/><br/>이 애플리케이션과 웹 사이트를
통해 또는 관련하여 제공되는 내용은 어떠한 명시적인 표현이나 보증 없이 있는 그대
로 제공된다. 귀하는 이 애플리케이션을 사용하는 순간 다음 사항에 동의하는 것이다.
이 애플리케이션의 정보의 올바른 해석과 올바른 목적에 따른 사용, 제공된 정보의 정
확성에 대한 신뢰와 정보의 완전성과 적절성의 보증은 전적으로 귀하의 책임이며, 또
한 이에 한정되지 않는다.
                                        "))
```

위의 코드를 살펴보면 텍스트의 굵기 변경이나 줄 바꿈과 같이 HTML 코딩의 표준 태그[49](tag)가 RShiny에서도 쉽게 응용될 수 있음을 보여준다. 물론 CSS에도 적용이 가능하다.

## (3) 연금위험 계산기의 서버부분 구축하기

서버 함수는 주로 UI부분에서 입력값을 전달받아 계산하여 결과를 UI부분으로 전달하는 과정을 관리한다.

이 상호작용의 기반(build)은 'render*()' 함수와 입력과 출력의 지속적 사용을 통해 구현이 가능하다.

'render*()' 함수는 원하는 유형의 출력을 생성한다. 연금위험 계산기의 최종 출력결과는 선으로 만들어진 2개의 그래프이다.

---

49) HTML 프로그래밍에서 원하는 형태로 표현하거나 기능을 수행하기 위해, < >사이에 태그 명령어의 이름을 작성하는 형태를 의미한다.

'render*()' 함수의 이름은 'render+기능명' 형태로 명명된다. 따라서 그래프로 렌더링(rendering)하는 함수는 'renderPlot'이 될 것이다.

UI에서 인식될 그래프의 이름은 앞에서 'paths'로 지정하였다. 이제 다음 명령어를 가지고 상호작용 output$을 생성해보자.

```
output$paths <- renderPlot({ … })
```

그래프를 생성하는 모든 코드는 중괄호 '{ }' 안에 입력해야 한다.

여기에서 사용할 코드는 8장의 은퇴재무설계 계산기에서 이미 작성했던 R스크립트이다.

다만 입력변수가 상호반응형으로 바뀌기 때문에 이를 정확하게 적용해야 한다.

'input$'을 사용하면 입력값이 상호반응형으로 활성화되며, '$' 다음에 변수의 이름이 위치한다.

은퇴기간 'n'을 상호반응형으로 바꾸는 방법은 다음과 같다.

```
n <- input$n            # 재무설계 시간지평(년)
```

연금위험 계산기의 은퇴기간 'n'을 입력하는 슬라이더는 'input$n'은 UI의 입력함수를 통해 입력한 값을 서버부분으로 전달한다.

서버부분으로 입력된 'n' 값이 전달되면 계산이 실행된다.

할당 과정에서 같은 변수이름을 굳이 다시 사용할 필요는 없다.

다른 값의 입력도 같은 방식으로 이루어진다.

```
P0 <- input$P0          # 은퇴 후 초기 연금자산
m <- input$m / 100      # GBM드리프트 모수
s <- input$s / 100      # GBM 변동성 모수

im <- input$im / 100    # 연평균 인플레이션 또는 연금인출액 인상률
is <- input$is / 100    # 인플레이션 표준편차 - 기대수익률과 상관관계 없음
W0 <- input$W0          # 초기 연금인출액(고정, 연간)
```

그래프를 생성하는 코드를 포함하여 서버의 나머지 코드도 은퇴재무설계 계산기와 동일하다.

두 개의 그래프는 레이아웃 행렬을 사용하여 결합한다. 이 행렬은 행과 열의 숫자만큼 그래프가 삽입될 영역을 나누어 열의 순서에 따라 표시된 영역에 그래프를 배치한다. 따라서 다음 명령어는 2개의 그래프를 2x2 레이아웃 행렬에 배치하고, 첫번째 행에 그래프 1(포트폴리오의 가치 시간경로), 두번째 행에 그래프 2(지출패턴)를 배치한다.

```
layout(matrix(c(1, 2, 1, 2), 2, 2))
```

### (4) UI와 서버를 연결하고 로컬에서 실행하기[50]

UI와 서버 부분을 app.R에 결합하고 shinyApp 명령문으로 닫자.

```
shinyApp(ui = ui, server = server)
```

이제 코드를 실행할 준비가 되었다.

[그림 116]과 같이 RStudio®에 app.R이 스크립트 창에 로딩되었다.

---

50) 클라우드나 웹에 연결되지 않은 채 내(로컬) 컴퓨터에서 실행한다는 의미이다.

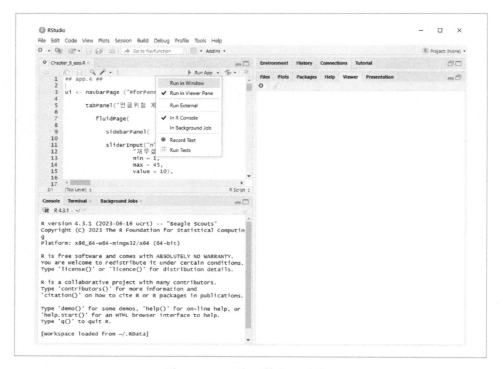

:: 그림 116. 스크립트 창에 로딩된 app.R

RStudio®의 스크립트 창에서 Shiny Web App 스크립트가 인식되면 소스 코드 창 오른쪽 상단에 녹색 RunApp 버튼을 표시된다. 버튼 옆에 스크롤다운 메뉴를 클릭하면 윈도우에서 실행 'Run in Window', View 창에서 실행 'Run in View Pane', '외부에서 실행 'Run external'의 옵션을 제공한다.

'Run in Window'을 선택하면 추가 창이 열리고, 'Run external'을 선택하면 로컬 시스템이 웹 브라우저로 IP 127.0.0.1을 연다.

디버깅이 필요한 경우 'Run in View Pane'을 선택하는 것이 효율적이다.

'Run external'을 선택하면 [그림 117]과 같이 3개의 탭이 있는 헤더 패널 (header panel), 입력 슬라이더가 있는 사이드바 패널(sidebarPanel), 2개 그래프가 있는 메인 패널(mainPanel)이 출력된다. 2개의 그래프는 GBM프로세스로 도출된 시간경로에 따른 포트폴리오 예상가치와 예상지출패턴으로 이루어져 있다.

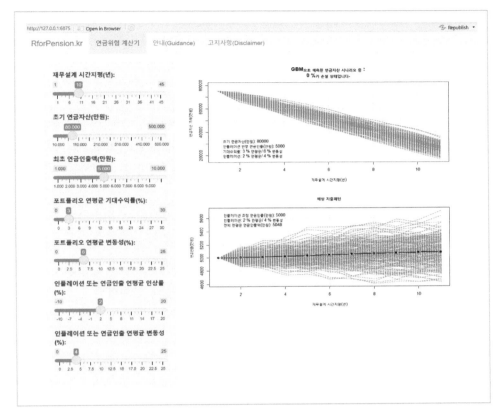

∷ 그림 117. 로컬에서 로딩된 aap.R 실행

슬라이더로 입력값을 지정해주면 애플리케이션에서 상호반응이 생기면서 수정된 결과가 그래프로 즉시 랜더(render)된다.

한편, 'stop' 버튼이 꺼지지 않는 한 이 시스템은 계속 실행된다. 빨간색 'stop' 버튼은 Console이나 뷰어 창에 있다.

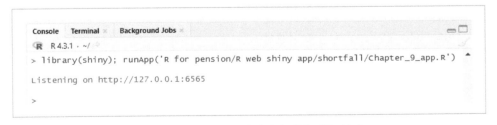

∷ 그림 118. 애플리케이션의 상호작용 상태

애플리케이션을 중지하면, 상호반응도 멈추고 Console도 다시 사용 가능상태가 된다.

## (5) 애플리케이션 배치하기

웹에서 런타임을 열려면 웹에 연결된 서버에 애플리케이션을 배치해야 한다. 배치하는 여러 방법이 있지만 무료계정을 활용하여 RShiny 서버(shinyapps.io)에서 배치하는 것이 가장 간편하다. 개인 서버나 상업용 서버에 배치하는 것도 좋은 방법이다.

RShiny 무료계정을 만드는 방법이 부록에 있으니 참고하기 바란다.

다음 단계로 넘어가기 전에 RStudio®에 'rsconnect' 패키지가 설치되었고, RShiny 서버에 여러분의 계정이 토큰[51]으로 승인을 받았다고 가정하겠다.

소스코드 창의 오른쪽 상단에 위치한 파란색의 버튼을 클릭하면 드롭다운 메뉴가 나타난다. 앞에서 명명한 프로젝트 이름인 'shortfall'을 선택하면 RStudio® 내부로부터 애플리케이션 배치가 구현된다.

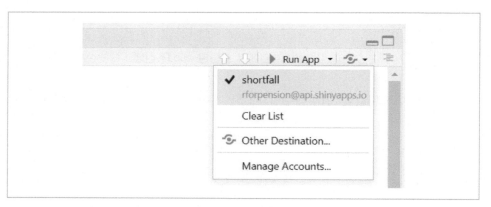

:: 그림 119. RStudio® 내 배치 버튼

처음 사용시 배치할 대상(destination)이 생성되어 있고, 대상과 연결되어야 한다. 연금위험 계산기가 'shortfall'이라는 대상에 되면 다음과 같은 URL을 갖

---

51) Rshiny 서버를 사용하려면 무료 계정을 만든 후 관리자(administrator)에게서 이메일로 받은 토큰을 입력해야 최종 사용이 가능하다.

게 된다.

https://rforpension.shinyapps.io/shortfall/

파란색 버튼을 클릭하면, [그림 120]과 같은 팝업 화면이 열린다.

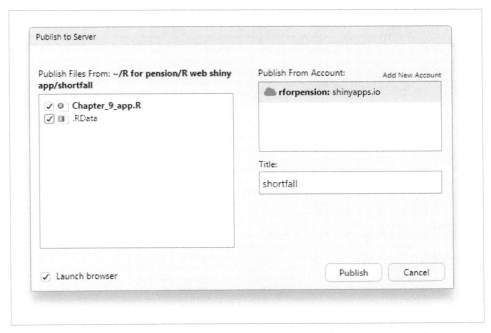

∴ 그림 120. 배치 버튼 실행 후 표시된 게시 화면(Publish to Server)

버튼을 클릭한 뒤 표시된 'Publish to Server' 화면에서 모든 항목은 선택을 취소할 수 있지만, 애플리케이션 게시를 위해서는 app.R의 선택은 반드시 필요하다. 게시를 활성화하면 브라우저가 자동으로 실행된다.

게시를 시작하면 Console 창이 Deploy 탭을 열고 애플리케이션의 배치가 실행되는 과정을 보여준다.

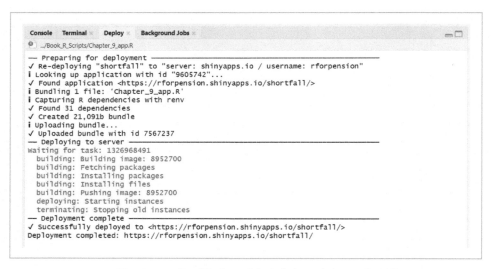

:: 그림 121. 로컬 컴퓨터 브라우저에서 로딩된 app.R 실행

애플리케이션이 성공적으로 배치되면, 전 세계 어디에서나 인터넷만 연결되어 있다면 연금위험 계산기를 사용할 수 있다. 웹 브라우저가 대상 웹 URL과 함께 열린다.

## 9장 전체 코드

```
## 9장 "RShiny®로 연금 애플리케이션 웹에서 공유하기" ##
#======================================
## app.R ##
ui <- navbarPage("RforPension.kr",
    tabPanel("연금위험 계산기",
        fluidPage(
            sidebarPanel(
                sliderInput("n",
                        "재무설계 시간지평(년):",
```

```
                            min = 1,
                            max = 45,
                            value = 10),

            sliderInput("P0",
                            "초기 연금자산(만원):",
                            min = 10000,
                            max = 500000,
                            value = 80000,
                            step = 5000,
                            sep = "."),

            sliderInput("W0",
                            "최초 연금인출액(만원):",
                            min = 1000,
                            max = 10000,
                            value = 5000,
                            step = 500,
                            sep = "."),

            sliderInput("m",
                            "포트폴리오 연평균 기대수익률(%):",
                            min = 0.0,
                            max = 30.0,
                            value = 3.0,
                            step = 0.25),

            sliderInput("s",
                            "포트폴리오 연평균 변동성(%):",
                            min = 0.0,
                            max = 25.0,
                            value = 6.0,
                            step = 0.25),

            sliderInput("im",
                            "인플레이션 또는 연금인출 연평균 인상률(%):",
                            min = -10,
                            max = 20,
                            value = 2.0,
                            step = 0.25),

            sliderInput("is",
                            "인플레이션 또는 연금인출 연평균 변동성(%):",
                            min = 0.0,
                            max = 25.0,
                            value = 4.0,
                            step = 0.25)
            ),
```

```
            mainPanel(plotOutput("paths", height = 600)
    )
    )),

    tabPanel("안내(Guidance)",

        HTML("<b> 퇴직재무계획의 확률적 평가</b><br/><br/>
```

은퇴재무계획에서 가장 주의해야 할 부분은 연금자산이 손실상태에 처하는 것이다. <br/><br/>연금자산의 손실상태는 은퇴 후 생활을 위해 구축된 연금자산이 장기적이고 정기적인 연금인출을 감당하기에 충분하지 않은 상태로 정의될 수 있다.
<br/>게다가, 연금자산의 지급능력을 유지해줄 투자의 기대수익률은 예측하기 어렵다. 이러한 불확실한 미래에 대해 재무이론은 많은 가설과 해결책을 제시했다.
그중 가장 주목받은 금융수학의 한 모델이 효율적시장가설(Theory of Efficient Markets)이다. 이 가설에 따르면, 금융상품의 시장가격은 현재 이용 가능한 모든 정보를 즉시 반영하므로, 임의적인 변화를 제외하면 오직 새로운 정보의 분산만이 가격에 영향을 준다고 본다. 만약 이 가설이 사실이라면, 역사적 가격의 정보와 임의적 요소만이 미래의 짧은 시간 동안의 시장가격에 영향을 끼칠 것이다.
<br/><br/>이러한 가격의 변화가 진정으로 임의적인지는 시장참여자에게 알려진 정보와 이 변화가 측정되는 기간에 전적으로 달려있다.
<br/><br/>
추가적으로 이 시뮬레이션은 시간에 걸친 주식가격의 확률적 변화를 모형화 하기 위하여 (산술 및) 브라운기하학운동(Geometric Brownian Motion: GBM) 을 적용하였다.
이 중요한 가설은 주식시장이 브라운기하학운동을 따르며, 자산가치는 미래의 아주 짧은 시간 동안 상수와 임의의 요소에 의해서만 변한다고 보았다.
만약 이 가설이 사실이라면, 즉, 포트폴리오의 가치가 진정으로 브라운기하학운동을 따르는 경우, 포트폴리오의 시간경로에 따른 미래가치는 이 모델로 시뮬레이션 될 수 있다. 이 시뮬레이션의 결과는, 적절한 주의와 함께 활용한다면, 자산가치의 확률적 변화에 대한 통찰력을 얻는 데 사용할 수 있으며, 따라서 지속가능한 연금제도의 설계와 관련한 투자의사결정에도 어느 정도 기여할 수 있을 것이다.
<br/><br/>
기본가정에 기반하여 많은 수의 시나리오에 대한 시뮬레이션을 실행하고 분석한다면 연금자산의 손실상태 확률에 대한 유의미한 통찰력을 얻을 수 있을 것이다.
<br/><br/>
기본모델에 필요한 입력값은 다음과 같다.: <br/><br/>
1. 은퇴계획의 시간지평, 최소한 은퇴자의 계리적 기대여명과 동일한 것이 바람직하다.<br/><br/>
2. 은퇴 초기 연금자산 또는 포트폴리오의 가치로 은퇴 전에 저축할 수 있는 기대 또는 실제 포트폴리오 가치 정보가 필요하다.<br/><br/>
3. 평균 기대수익률과 변동성, 그리고 투자전략에 따른 은퇴자의 위험 선호도 및 위험 허용한도의 정보가 필요하다.<br/><br/>
4. 평균 인플레이션 또는 인플레이션을 감안한 희망하는 연금인출액, 그리고 이 두 값의 변동성 정보가 필요하다.
<br/><br/>

은퇴기간 동안 연금인출은 은퇴자가 희망하는 지출패턴에 따라 이루어지며, 이는 은퇴재무계획의 입력값이 될 것이다. 단순한 연금인출을 입력값으로 사용하거나, 인플레이션을 조정한 연금인출을 입력값으로 사용할 수도 있다. 드리프트(변동성) 입력값은 인플레이션 외에도 증가하는 연금인출 패턴, 또는 인플레이션 조정 후 실질 연금인출액의 감소를 뜻하는 음의 드리프트 입력값도 사용할 수도 있다. 드리프트 모수를 0으로 할 경우 고정된 연금인출의 패턴도 가능하다.

&lt;br/&gt;&lt;br/&gt;은퇴 후 U자형 지출패턴을 예상하는 사람들의 경우, 은퇴 초기의 짧은 기간 동안 은퇴자산을 고정 금액만큼 감소시키고, 시간이 경과함에 따라 지출을 증가시킴으로써 적용할 수 있다.

&lt;br/&gt;&lt;br/&gt;

&lt;b&gt;은퇴재무설계의 결과는 다음 2개의 그래프로 시각화 될 것이다.:&lt;/b&gt;&lt;br/&gt;&lt;br/&gt;

A. 시간에 따른 연금자산의 예상가치와 GBM 시나리오 중 손실상태 비율(%)&lt;br/&gt;&lt;br/&gt;

B. 다양한 시나리오에 따른 예상 지출패턴과 평균 예상 연금인출액

&lt;br/&gt;&lt;br/&gt;산출된 결과는 예비 은퇴자의 지출패턴의 현실성에 대한 객관적 판단과 합리적 선택을 할 수 있도록 돕는다.

&lt;br/&gt;&lt;br/&gt;더 자세한 내용과 인사이트는 '연금계리 R프로그래밍' 책에서 확인할 수 있으며, 이 책의 구매는 시중의 서점이나 온라인에서 구매할 수 있다.

&lt;br/&gt;&lt;br/&gt;&lt;br/&gt;이 애플리케이션을 사용하기 전에 고지사항을 반드시 읽기 바란다.&lt;br/&gt;&lt;br/&gt;&lt;br/&gt;&lt;br/&gt;

            ")),

    tabPanel("고지사항(Disclaimer)",

            HTML("&lt;b&gt;고지사항&lt;/b&gt; &lt;br/&gt;&lt;br/&gt;이 애플리케이션과 웹 사이트를 통해 또는 관련하여 제공되는 내용은 어떠한 명시적인 표현이나 보증 없이 있는 그대로 제공된다. 귀하는 이 애플리케이션을 사용하는 순간 다음 사항에 동의하는 것이다. 이 애플리케이션의 정보를 올바르게 해석하고, 올바른 목적에 따라 사용하는 것은 전적으로 귀하의 책임이다. 여기에는 애플리케이션에서 제공된 정보의 정확성에 대한 신뢰와 정보의 완전성과 적절성도 포함하지만, 이에 제한되지 않는다.

&lt;br/&gt;&lt;br/&gt; &lt;b&gt;이 애플리케이션은 어떠한 금융상품의 중계서비스도 제공하지 않는다.&lt;/b&gt; &lt;br/&gt;&lt;br/&gt; 사용 중 어떠한 개인 정보도 캡처 되거나 저장되지 않는다. 또한, 쿠키도 사용되지 않는다.

            "))
)

```r
server <- function(input, output) {

    # 시간경로를 생성하고 시각화하기
    output$paths <- renderPlot( {

        P0 <- input$P0          # 초기 연금자산
        m <- input$m/100        # GBM 드리프트 모수
        s <- input$s/100        # GBM 변동성 모수
```

```
im <- input$im/100          # 연평균 인플레이션 또는 연금인출액 인상률
is <- input$is/100          # 인플레이션 표준편차 - 기대수익률과
                              상관관계 없음

W0 <- input$W0              # 초기 연금인출액(고정, 연간)

n <- input$n               # 재무설계 시간지평(년)
t <- 1/n                   # 시간단위 기간격
num <- 200                 # 시뮬레이션 시나리오 수

P <- matrix(0, num, n+1)   # 모든 시나리오의 포트폴리오 가치
                             시간경로의 행렬

P[,1] <- P0-W0

W <- matrix(0, num, n+1)   # 모든 시나리오의 연금인출액 시간경로의
                             행렬

W[,1] <- W0

S <- matrix(0, num, n+1)   # 손실 상태 시나리오 행렬

for (j in seq(2,(n+1))) {
    P[,j] = P[,j-1]*exp((m-s^2/2)*t+s*rnorm(num)*sqrt(t))
    W[,j] = W[,j-1]*exp((im-is^2/2)*t+is*rnorm(num)*sqrt(t))
    P[,j] = P[,j]-W[,j]
}


ymin <- max(0, min(P)); ymax <- max(P, P0)
yminW <- max(0, min(W)); ymaxW <- max(W, W0)

# P의 값이 0보다 작으면 => 연금자산 손실상태
S[P<0] <- NA
pshort <- 0
pshort <- 1 - sum(!is.na(S[,n+1]))/num



MW <- c(rep(0), num)
MW <- colSums(W)/num
MMW <- as.integer(sum(MW)/(n+1))

layout(matrix(c(1, 2, 1, 2), 2, 2))

# 연금자산 시뮬레이션 시각화
options(scipen = 100)
plot(P[1,], lty = 2,
     xlim = c(1, n+1), ylim = c(ymin, ymax),
     type = "l",
     xlab = "재무설계 시간지평(년)", ylab = "연금자산 가치(만원)",
```

```r
                cex.main = 1.2,
                main = paste('GBM으로 예측된 연금자산 시나리오 중 :',
                            sep = "\n",
                            paste(100*pshort,
                                '%가 손실 상태입니다.')))

        for (j in seq(1, num)) {
            lines(P[j,], col = "firebrick1", lty = 2)
        }
        grid(lwd = 2)
        legend("bottomleft", inset = 0.02,
                legend = c(paste('초기 연금자산(만원):',P0),
                            paste('인플레이션 반영 연금인출(만원):', W0),
                            paste('기대수익률:',100*m,
                                '% 연평균/',100*s,'% 변동성'),
                            paste('인플레이션:',100*im,
                                    '% 연평균/',100*is,'% 변동성')
),
                cex = 1.0, bty = "n")

        # 연금인출 시뮬레이션 시각화
        options(scipen = 100)
        plot(W[1,], lty = 2,
            xlim = c(1,n+1), ylim = c(yminW, ymaxW),
            type = "l",
            xlab = "재무설계 시간지평(년)", ylab = "연금인출(만원)",
            cex.main = 1.2, main = paste('예상 지출패턴'))

        for (j in seq(1,num)) {
            lines(W[j,], col = "firebrick1", lty = 2)
        }
        lines(MW, lty = 1, lwd = 2,col = "black",
                type = "b", pch = 19)
        grid(lwd = 2)
        legend ("topleft", inset = 0.02,
                legend = c(paste('인플레이션 조정 연금인출(만원):', W0),
                            paste('인플레이션:', 100*im,
                                '% 연평균/', 100*is, '% 변동성'),
                            paste('전체 연평균 연금인출액(만원):', MMW)),
                cex = 1.0, bty = "n", xpd = TRUE)

    })
}

shinyApp(ui = ui, server = server)
```

## (6) 마치면서

RShiny는 R에서 사용자가 직접 상호작용형 웹 애플리케이션을 손쉽게 공유할 수 있는 웹 애플리케이션 프레임워크이다. R로 구동되는 강력한 앱들은 HTML, CSS 또는 JavaScript에 대한 지식이 부족해도 제작 및 공유할 수 있다.

RShiny는 개발자가 쉽게 시작, 구축, 개선, 그리고 공유할 수 있는 각종 도구를 제공한다.

그뿐만 아니라 방대한 도움말과 문서 라이브러리, 각종 훈련과 메뉴얼이 있으며, 빠르게 성장하는 R과 RShiny 개발자 커뮤니티의 도움으로 그 규모도 날마다 커지고 있다.

여러분도 R 커뮤니티의 구성원이 되어 그 무한한 혜택을 누리기를 희망한다.

마지막으로 책에 대해 문의사항이 있거나, 저자와 소통하기 원한다면 아래 홈페이지를 방문하라.

▶ http://www.rforpension.kr/

## CRAN에서 R 설치하는 법

R에 대한 정보는 https://www.r-project.org/ 에서 찾을 수 있다.

# The R Project for Statistical Computing

[Home]

**Download**

CRAN

**R Project**

About R
Logo
Contributors
What's New?
Reporting Bugs
Conferences
Search
Get Involved: Mailing Lists
Get Involved: Contributing
Developer Pages
R Blog

## Getting Started

R is a free software environment for statistical computing and graphics. It compiles and runs on a wide variety of UNIX platforms, Windows and MacOS. To **download R**, please choose your preferred CRAN mirror.

If you have questions about R like how to download and install the software, or what the license terms are, please read our answers to frequently asked questions before you send an email.

## News

- **R version 4.3.1 (Beagle Scouts)** has been released on 2023-06-16.
- R/Basel, a useR! Regional 2023 event, has a call for abstracts open until Friday 26 May 2023.
- **R version 4.2.3 (Shortstop Beagle)** has been released on 2023-03-15.
- You can support the R Foundation with a renewable subscription as a supporting member

## News via Twitter

R은 통계 분석과 시각화를 위한 언어이며, 무료 소프트웨어 환경을 가지고 있다. Windows, MacOS, UNIX 등 다양한 플랫폼에서 구동이 가능하다. R은 CRAN(The Comprehensive R Archive Network)에서 다운로드 받을 수 있으며, CRAN은 많은 미러 사이트를 가지고 있다.

https://cran.rstudio.com/

이 책의 집필시점(2023년 8월) R버전은 R-4.3.1이다. 이 버전은 윈도우 10과 윈도우 서버 2016 이후 버전에서 사용할 수 있다.

윈도우 사용자의 경우 'Download R for Windows'을 선택하여 설치파일을 다운로드 받고, 실행하여 'install R for the first time'을 선택한다.

R-4.3.1 for Windows

Download R-4.3.1 for Windows (79 megabytes, 64 bit)
README on the Windows binary distribution
New features in this version

CRAN
Mirrors
What's new?
Search
CRAN Team

About R
R Homepage
The R Journal

Software
R Sources
R Binaries
Packages
Task Views
Other

Documentation
Manuals
FAQs
Contributed

This build requires UCRT, which is part of Windows since Windows 10 and Windows Server 2016. On older systems, UCRT has to be installed manually from here.

If you want to double-check that the package you have downloaded matches the package distributed by CRAN, you can compare the md5sum of the .exe to the fingerprint on the master server.

Frequently asked questions

- Does R run under my version of Windows?
- How do I update packages in my previous version of R?

Please see the R FAQ for general information about R and the R Windows FAQ for Windows-specific information.

Other builds

- Patches to this release are incorporated in the r-patched snapshot build.
- A build of the development version (which will eventually become the next major release of R) is available in the r-devel snapshot build.
- Previous releases

Note to webmasters: A stable link which will redirect to the current Windows binary release is <CRAN MIRROR>/bin/windows/base/release.html.

Last change: 2023-06-16

파일명은 R-4.3.1-win.exe 이다. 파일를 클릭하면 설치가 시작된다.

R-4.3.1 for Windows

Download R-4.3.1 for Windows (79 megabytes, 64 bit)
README on the Windows binary distribution
New features in this version

This build requires UCRT, ... erver 2016. On older systems, UCRT has to be installed manu...

If you want to double-ch... kage distributed by CRAN, you can compare the md5sum ...

설치 - R for Windows 4.3.1

설치 중...
설치 프로그램이 R for Windows 4.3.1 을(를) 설치하는 동안 기다려 주십시오.

파일의 압축을 푸는 중...
C:\Program Files\R\R-4.3.1\

- Does R run under ...
- How do I update p...

Please see the R FAQ fo... ndows-specific information.

- Patches to this rele...
- A build of the deve... r release of R) is available in the r-devel snapshot bui...
- Previous releases

취소

Note to webmasters: A stable link which will redirect to the current Windows binary release is <CRAN MIRROR>/bin/windows/base/release.html.

Last change: 2023-06-16

GNU 라이선스를 수락하면 대상 라이브러리의 위치를 선택해야 한다. 기본값(default)으로 선택해도 사용하는데 큰 문제는 없다.

## RStudio® 통합개발환경 설치하기

RStudio®의 자세한 정보는 다음 사이트에서 확인 가능하다.

https://posit.co/products/open-source/rstudio/

"RStudio®는 R을 위한 통합개발환경(Integrated Development Environment; IDE)으로 R 개발작업의 생산성을 높여준다. RStudio®에는 Console과 직접 코드실행이 가능한 구문강조 편집기(syntax-highlighting editor)뿐만 아니라 시각화 도구, 작업기록, 디버깅과 작업공간 관리자 등의 도구가 포함되어 있다." - RStudio®에서 발췌

RStudio®는 오픈소스 라이선스의 하위버전과 상용버전 두가지가 있다. Windows, MacOS, Linux 플랫폼을 탑재한 데스크탑에서 실행할 수 있으며, RStudio® 서버운영체제(Server Operating System)에 연결된 브라우저에서도 실

행이 가능하다.

다음 사이트에서 RStudio®의 설치파일을 받을 수 있다.

https://posit.co/downloads/

이 책이 집필될 시점의 RStudio® 데스크탑 버전은 2023.06.0＋421이다. RStudio® 설치 전에 반드시 R이 설치되어야 한다.

RStudio1.2는 64비트 운영 체제가 필요하며, 64비트 버전의 R에서만 작동한다. 32비트 시스템을 사용하거나 32비트 버전이 필요하다면 예전 버전의 RStudio®를 사용하면 된다.

파일을 다운로드 받고 설치하자.

대상 라이브러리 위치를 선택하라는 메시지가 표시된다.

설치 후 바탕화면에 깔린 RStudio® 바로가기를 클릭하면 다음 그림과 같이 RStudio® 작업 공간이 열린다.

## 효과적인 작업을 위한 프로그래밍 규칙

플로차트(flowchart)나 객체지향 프로그래밍[52](Object-Oriented Programming) 같은 프로그래밍 규칙이나 효과적인 코딩방법, 패러다임 등의 정보에 대한 많은 문헌이 있다. 이 책은 강력한 오픈소스 언어인 R로 직관적이면서 간편한 연금 위험분석 애플리케이션을 개발하는 것이 최종목적이다. 따라서 프로그래밍의 규칙이나 방법을 선택하여 지키는 것은 크게 중요하지 않을 수 있다. 하지만 프로그래밍 개발능력이 향상되어 코드의 양이 늘어나고, 다른 개발자와 결과를 공유해야 할 때는 규칙이나 방법이 중요해진다.

이러한 이유로 코드의 구조와 스타일을 아는 것이 도움이 될 수 있다.

---

52) 실제 세상에 존재하고 인지하고 있는 객체(object)를 핵심적 개념과 기능만 추출하는 추상화를 통해 데이터를 상태와 행위를 가진 객체로 만들어 모델링하는 패러다임

## 코드의 구조

컴퓨터 과학의 초창기에 코드가 구조화될 필요가 있었다. 프로그램의 커널[53]에서 구조화된 프로그래밍은 '순차문(sequential statements)', '선택문(selection statements)', '반복문(compact iterations)'의 세 가지 기초제어 구조로 수행되었다. 세 요소를 일관적이고 순차적으로 적절하게 사용하면 코드 라인 사이에서 헤매지도 않고, 코드를 쉽게 읽고 실행할 수 있다. 프로그래밍 프로젝트 중에 이 기본원칙을 기억하고 따른다면 많은 도움이 될 것이다. 구조적 프로그램의 이해를 돕기 위해 순차, 선택, 반복의 구조를 도식화한 나씨 – 슈나이더만(Nassi-Schneiderman) 도표[54]를 사용하면 보다 깊은 통찰을 얻을 수 있다. 나씨 – 슈나이더만 도표의 가장 기본적인 형태는 페이지 210의 그림과 같다.

코드 사이에 주석을 사용하는 것도 유용하다. 어떤 개발자는 주석의 사용을 권장하며 주석이 없는 코드는 진정한 프로그래밍이 아니라고 주장한다. 다른 이는 주석의 사용이 코드가 직관적이지 않다는 것을 반증한다고 말한다. 이 책은 주석의 사용이 코드의 이해를 돕는다고 판단되면 사용을 권장하는 입장이다. 코드 사이에서 주석을 작성하려면 '#' 기호를 사용한다. '#' 기호 뒤에 따라오는 코드는 R에서 해석되거나 실행되지 않는다.

프로그래밍에서 기억해야 할 원칙을 간단하게 요약하면 다음과 같다.

- 프로그램의 목적, 개발자가 참조한 문헌이나 자료에 대한 주석으로 코드를 시작하는 것이 좋다.
- 프로그램을 시작할 때 가장 먼저 할 일은 사용할 패키지를 불러오는 것이다.
- 각 프로젝트에서 사용할 작업 디렉토리(working directory)를 구분하여 지정하면 편리하다.
- 전체 코드와 각 하위부분의 상호작용을 설명하는 주석을 달면 규모가 큰 프로젝트의 코드가 실행되는 논리를 이해하기 쉬워진다.
- 사용자정의 함수는 처음 사용되는 문단의 시작부분에 위치시키거나, 문단들이 합쳐지는 부분에 배치한다.

---

53) 컴퓨터 운영 체제의 핵심이 되는 컴퓨터 프로그램
54) 구조적 프로그램의 알고리즘을 사각형 안에 도식화한 표현기법

· 사용자정의 함수에서 반복되어 사용되는 프로그램 부분은 함수의 외부에 별도로 위치시킨다.
· 코드의 명명 규칙과 스타일을 관리한다.

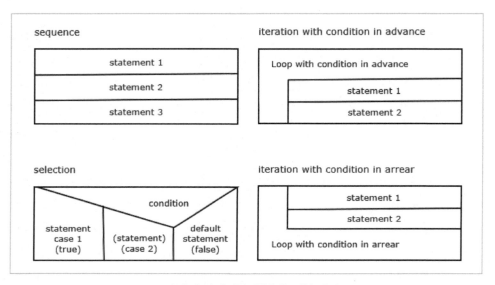

나씨-슈나이더만 방법의 기본 요소

## 코딩 스타일

좋은 코딩 스타일은 옳은 문법이나 구문에 대한 것이 아니고 남들이 쉽게 이해할 수 있는 코딩 방식을 의미한다. 문법이나 구문이 틀린 경우에는 적어도 코드가 실행되지 않거나, 경고 메시지를 출력한다. 하지만 코딩 스타일은 다르다. 스타일은 코드의 가독성과 디버깅(de-bugging)[55]을 용이하게 하는 일관성에 관한 것이다.

개발자가 활용하는 수많은 코딩 방식이 존재한다. 다른 프로그래머와 협업하는 중에 개발한 코드를 서로 공유하려면 명확한 소통을 위하여 표준적인 코딩 스타일을 따르는 것이 도움이 된다. R의 코딩 스타일에 대한 정보를 원한다면 Hadley Wickham[56]의 작업을 참고해도 좋다. 코딩 스타일의 규칙은 계속해서

---

55) 프로그램 개발 단계 중 논리적인 오류나 비정상적 연산을 찾아내 제거하는 것
56) http://r4ds.had.co.nz

진화하고 있는 한편, 기존 패러다임에서 크게 벗어나지도 않는다.

특별히 주의를 기울여야 하는 코딩 스타일의 항목이 있는데, 이는 표기법 (notation), 명명(naming), 띄어쓰기(spacing)와 들여쓰기(indentation) 등이다.

파일, 변수, 함수는 담고 있는 객체(object)에 대해 직관적으로 설명할 수 있는 이름이 필요하다. 변수이름은 소문자를 써도 무방하며, 원하는 변수이름이 길면 단어 사이를 밑줄로 구분할 수도 있다. 일반함수(generic function)의 이름은 소문자로 시작하기 때문에 구분을 위해 사용자정의함수(user-defined function)는 대문자로 명명하는 것이 좋다.

이름을 붙일 때는 숫자로 시작할 수 없고, 특수 문자는 포함할 수 없으며, 대문자와 소문자는 구별한다.

객체와 연산자 사이의 적절한 간격을 두거나 코드의 문단 내의 들여쓰기 (indentation)는 코드의 가독성을 높여준다.

마지막으로 함수 명령문 내의 경우를 제외하고 할당(assignment) 연산자는 '='이 아닌 '< -'으로 실행된다.

## RStudio®에서 RShiny® 설치하기

RShiny®의 정보는 다음 사이트에서 찾을 수 있다.

https://shiny.posit.co/

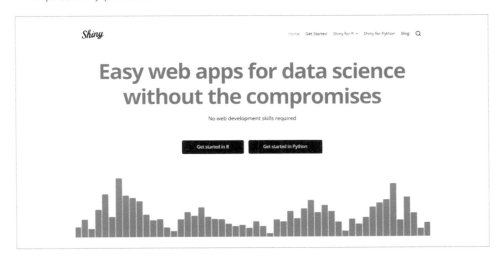

"Shiny는 R에서 사용자가 직접 상호작용 웹 애플리케이션을 구축할 수 있는 R패키지이다. 여러분은 웹 페이지에 앱을 호스팅할 수 있고, CSS테마, HTML 위젯 및 JavaScript action으로 확장도 가능하다."

"Shiny는 R의 강력한 연산능력과 최신 웹의 상호작용성을 결합할 수 있다."

－둘 다 RStudio®에서 인용－

RShiny®의 활용 사례는 다음 사이트에서 확인할 수 있다.

https://shiny.posit.co/r/gallery/

## Gallery

Welcome to the Shiny Gallery! Below you can find a myriad of Shiny apps to be inspired by and to learn from. We have organized the apps in two main categories:

Feature Demos

User Showcase

## Feature Demos

---

Shiny Demos are a series of apps created by the Shiny developers and are designed to highlight specific features of the shiny package. Each app is presented along with its source code to help you implement these features in your apps. Many of these apps are linked from relevant articles as well.

Shiny 패키지는 RStudio® IDE 내의 CRAN으로부터 파일을 다운로드하여 설치할 수 있다.

또는, Console에 다음 명령어를 실행하여 설치할 수 있다.

```
install.packages("shiny")
> install.packages("shiny")

WARNING: Rtools is required to build R packages but is not currently installed. Please download and install the appropriate version of Rtools before proceeding:

https://cran.rstudio.com/bin/windows/Rtools/
Installing package into 'C:/Users/X/Documents/R/win-library/3.6'
```

```
(as 'lib' is unspecified)
also installing the dependency 'fastmap'

trying URL 'https://cran.rstudio.com/bin/windows/contrib/3.6/fastmap_
1.0.1.zip'
Content type 'application/zip' length 413353 bytes (403 KB)
downloaded 403 KB

trying URL 'https://cran.rstudio.com/bin/windows/contrib/3.6/shiny_
1.4.0.zip'
Content type 'application/zip' length 4929375 bytes (4.7 MB)
downloaded 4.7 MB

package 'fastmap' successfully unpacked and MD5 sums checked
package 'shiny' successfully unpacked and MD5 sums checked

The downloaded binary packages are in

C:\Users\X\AppData\Local\Temp\RtmpGsyaB9\downloaded_packages
```

또는 RStudio®의 오른쪽 하단 Packages 창에서 'install'을 선택하여 설치할
수도 있다.

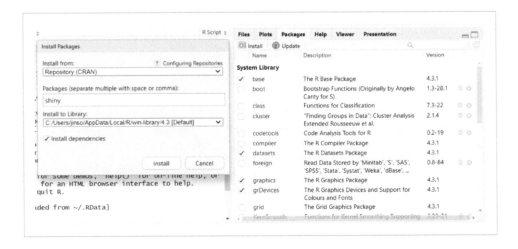

팝업 화면이 나타나고 Packages에서 shiny를 선택하거나 입력하면 설치가
진행된다.

이제 shiny 패키지를 사용할 수 있다.

필요한 경우 shiny의 정보를 다음 사이트에서 확인 가능하다.

https://cran.r-project.org/web/packages/shiny/index.html

## RShiny® 무료 계정 등록방법

Shiny 무료 계정은 다음 사이트에서 등록할 수 있다.

https://www.shinyapps.io/

Shiny에는 선택할 수 있는 여러가지 호스팅 옵션이 있지만, 여기에서는 Shiny 클라우드에서 무료로 애플리케이션을 호스팅하는 옵션을 선택할 것이다. 사이트의 첫 화면의 중앙에 있는 'Sign Up'을 클릭한 뒤 가입절차를 진행하도록 하자.

가입한 뒤 로그인을 하면 애플리케이션을 배치할 URL을 지정하라는 안내가
표시된다.

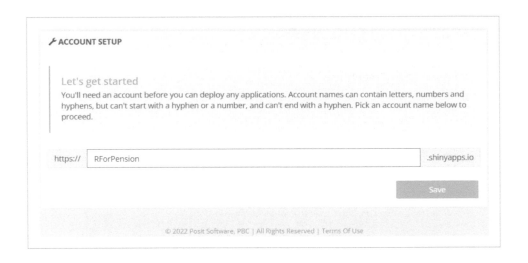

프로젝트 이름(webname)을 webname.shinyapps.io에 입력하고 저장하면 대
시보드가 열린다.

다음은 'rsconnect' 패키지를 설치한다. 'rsconnect' 패키지는 Console에서 shiny 애플리케이션을 직접 배치할 수 있도록 해준다.

Console에 다음 명령어를 실행한다.

install.packages("rsconnect")

'reconnect' 패키지는 토큰(token)과 비밀번호(secret pass)를 사용하여 shiny 등록계정에서 인증되어야 한다. 'Show secret', 'Copy to clipboard' 클릭하여 명령어를 복사하고 Console에 붙여넣기 하자.

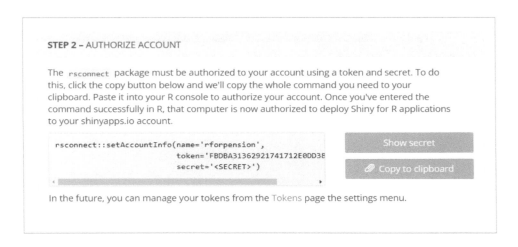

명령어가 성공적으로 입력되고 실행되면, 여러분의 컴퓨터는 애플리케이션을 shinyapps.io 계정에 배치할 수 있는 권한을 부여받는다.

rsconnect::setAccountInfo(name = 'rforpension',

token = '토큰정보',

secret = '비밀번호')

이제 클라우드에 호스팅 할 애플리케이션이 저장되어 있는 작업 디렉토리를 연결한다. 다음 명령어를 실행한다.

**STEP 3 - DEPLOY**

Once the `rsconnect` package has been configured, you're ready to deploy your first application. If you haven't written any applications yet, you can also checkout the Getting Started Guide for instructions on how to deploy our demo application. Run the following code in your R console.

```
library(rsconnect)
    rsconnect::deployApp('path/to/your/app')
```

Library(rsconnect)  rsconnect::deployApp('작업디렉토리폴더경로')

이제 shiny 클라우드에서 애플리케이션을 호스팅할 준비가 되었다.

처음 사용하는 경우, 애플리케이션은 비어 있다.

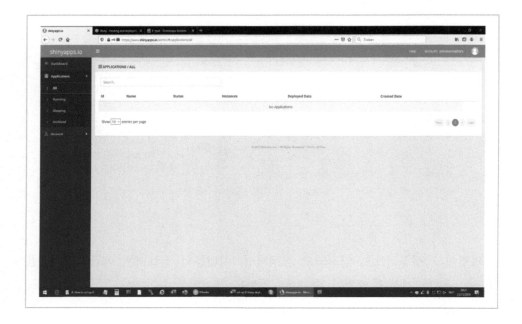

Account의 왼쪽에 있는 메뉴를 살펴보면서 사용법을 익혀보자.

## RStudio® 유용한 단축키

○ **파일**(Files)

파일을 저장할 때: CTRL＋s

모든 파일을 저장할 때: CTRL＋ALT＋s

○ **실행**(Execute)

선택한 코드를 실행할 때: CTRL＋ENTER

모든 코드를 실행할 때: CTRL＋ALT＋r

○ **소스 에디터**(Source editor)

선택한 코드에 주석을 남기거나 취소할 때: CTRL＋SHIFT＋c

라인을 삭제할 때: CTRL＋d

할당(assignment) 연산자를 삽입할 때: ALT＋－

○ **콘솔**(Console)

Console 지우기: CTRL＋l

○ **기타**

도움말 기능 실행: F1

R Studio®의 단축키 목록은 ALT＋SHIFT＋k로 확인할 수 있다.

또한 R Studio®에서 제공하는 치트시트[57](cheat sheets)도 코딩 작업에 도움이 많이 된다.

https://rstudio.com/resources/cheatsheets/

특별히 R Base Cheat Sheet와 R Shiny Cheat Sheet가 매우 유용하다.

---

57) 시험을 치룰 때 참고하는 메모를 지칭하며 관련 명령어의 도움말 모음으로 A4용지에 출력하여 코딩 작업 시 옆에 두고 참고할 수 있다.

## ■ 참고문헌 ■

[1] Comprehensive R Archive Network CRAN

https://cran.r-project.org/

[2] **Directive 2009/138/EC** of the European Parliament and the Council of 25 November 2009 on the taking-up and pursuit of the business of Insurance and Reinsurance (Solvency II)

http://data.europa.eu/eli/dir/2009/138/oj

[3] Dominique Beckers, **Actuarial Mathematics for Pensions-Basics and Concepts applied to Business**, Wolters Kluwer, 2017

https://shop.wolterskluwer.be/nl_be/Actuarial-Mathematics-for-Pensions-Basics-and-Concepts-applied-to-Business-sBPVER171/

[4] EIOPA-BoS-22-409-September 2022-**Technical documentation of the methodology to derive EIOPA's risk-free interest rate term structures**

https://www.eiopa.europa.eu/system/files/2022-09/eiopa-bos-22-409-technical-documentation.pdf

[5] Emmanuel Paradis, **R for Beginners**, University of Montpellier, 2002

http://www.cin.ufpe.br/~maod/ESAP/R/R%20for%20beginners.pdf

[6] ESRB-European Systemic Risk Board-August 2017-**Regulatory risk-free yield curve properties and macroprudential consequences**-Report by the ATC Expert Group on Insurance

https://www.esrb.europa.eu/pub/pdf/reports/esrb.reports170817_regulatoryriskfree yieltcurveproperties.en.pdf?bf7c2cf34637cbe5a755b50b2df96659

[7] Garrett Grolemund & Hadley Wickham, **R for Data Science**, O'Reilly, 2017

Online https://r4ds.had.co.nz/

[8] Hadley Wickham, **Mastering Shiny**

Online https://mastering-shiny.org/

[9] Systematic Investor-Retirement: simulating wealth with random returns, inflation and withdrawals-Shiny web application, 2013

http://systematicinvestor.github.io/

[10] 김호균·성주호, 알기 쉬운 보험·연금수리학, 법문사, 2020

[11] 성주호, 최신 연금수리학 수정2판, 법문사, 2021

# 찾아보기

## 저자 약력

**도니미끄 베커스**(Dominique Beckers)
영국 헐대학교(University of Hull) 계량경제학 석사
LD Consultancy 대표
KU Leuven 초빙교수
벨기에 계리사

**임진순**(Jinsoon Lim)
애리조나주립대(ASU) 경영학 석사
오하이오주립대(OSU) 응용경제학 석사
총회연금재단 연금사업본부 과장
공인재무분석사(CFA)
워싱턴주 공인회계사(USCPA)

## 연금계리 R프로그래밍

2024년 2월 20일 초판 인쇄
2024년 2월 25일 초판 1쇄 발행

저　자　도니미끄 베커스 · 임진순
발행인　배　　효　　선

발행처　도서
　　　　출판　　**法 文 社**

주　소　10881 경기도 파주시 회동길 37-29
등　록　1957년 12월 12일/제2-76호(윤)
전　화　(031)955-6500~6 FAX (031)955-6525
E-mail (영업) bms@bobmunsa.co.kr
　　　　(편집) edit66@bobmunsa.co.kr
홈페이지 http://www.bobmunsa.co.kr
조　판　법　문　사　전　산　실

정가 20,000원　　　　ISBN 978-89-18-91468-8

## Programming R and RShiny for Pensions

이 책은 '연금계리 R 프로그래밍'의 원서로 R 프로그래밍 환경에서 연금계리를 구성하는 연금수리를 누구나 실행할 수 있도록 안내하고 있다. 연금계리의 기초가 되는 생명표를 시작으로 단위연금과 생명연금의 실질가치 계산 및 퇴직연금설계 계산기의 개발과 공유를 R코드로 구현하는 과정을 설명하고 있다.

### Actuarial Mathematics for Pensions - Basics and Concepts applied to Business
### From Mortality to Balance Sheet

이 책은 연금제도를 구성하는 연금수리를 쉽게 이해할 수 있도록 안내하고 있다. 오늘날 연금 비즈니스 실무에서 사용하는 연금계리의 기본과 개념을 집중적으로 기술하고 있으며, 생명표, 연금법, 재원적립, 수급권, 그리고 연금과 관련된 리스크를 단순화된 예시와 함께 설명하고 있다. 또한, 이 요소들이 어떻게 연금기관의 재무제표에 적용되고 영향을 미치는지 소개하고 있다.